新时代新理念职业教育教材·动车组系列
"互联网+"立体化教学资源特色教材

动车组检修技术专业
实训指导书

主　编　王伟宵　蒋　奎　贾　潞

副主编　王　洁　韩晓磊　惠高扬

主　审　杨德文　齐庆山

北京交通大学出版社
·北京·

内 容 简 介

本书以高等职业教育动车组检修技术专业实训课程教学大纲为基础，结合铁路工作现场对动车组机械师、动车组维修师相关岗位必备核心技能的要求，对学生进行动车组运用、检修技能实训。

全书共设 6 个项目 36 个任务，涉及专业认知实习（3 个任务）、CR400BF 型动车组制动系统（6 个任务）、CR400BF 型动车组牵引系统（5 个任务）、CR400BF 型动车组辅助电气系统（7 个任务）、CR400BF 型动车组机械设备维护与检修（6 个任务）、动车组随车机械师岗位职责及作业标准（9 个任务）。

本书配有相关任务的操作视频，可用作高职院校学生的教学用书，也可供铁路企业相关岗位的技术人员培训使用。

图书在版编目（CIP）数据

动车组检修技术专业实训指导书 / 王伟宵，蒋奎，贾潞主编；王洁，韩晓磊，惠高扬副主编. —北京：北京交通大学出版社，2023.2

ISBN 978-7-5121-4843-7

Ⅰ. ① 动… Ⅱ. ① 王… ② 蒋… ③ 贾… ④ 王… ⑤ 韩… ⑥ 惠… Ⅲ. ① 动车–机车检修–高等职业教育–教材 Ⅳ. ① U269

中国版本图书馆 CIP 数据核字（2022）第 222226 号

动车组检修技术专业实训指导书
DONGCHEZU JIANXIU JISHU ZHUANYE SHIXUN ZHIDAOSHU

责任编辑：陈跃琴

出版发行：北京交通大学出版社　　　　　电话：010-51686414　　http://www.bjtup.com.cn
地　　址：北京市海淀区高粱桥斜街 44 号　邮编：100044
印 刷 者：北京时代华都印刷有限公司
经　　销：全国新华书店
开　　本：185 mm×260 mm　印张：13.5　字数：337 千字
版 印 次：2023 年 2 月第 1 版　　2023 年 2 月第 1 次印刷
印　　数：1～2 500 册　定价：48.00 元

本书如有质量问题，请向北京交通大学出版社质监组反映。对您的意见和批评，我们表示欢迎和感谢。
投诉电话：010-51686043，51686008；传真：010-62225406；E-mail：press@bjtu.edu.cn。

前　言

《动车组检修技术专业实训指导书》是适应当前高职教育人才培养模式和课程改革相关要求，根据动车组检修技术专业教学指导委员会制定的最新专业教学标准编写的。对高职院校教学而言，教材编写需要以职业教育教学理论为基础，以本专业所对应的典型职业活动的工作能力为向导，因此在动车组检修实训教学中，相关技能的训练、方式方法的掌握尤为重要。

本书采用"项目—任务—活动"的编排结构，通过互联网和移动终端平台，对传统纸质教材内容与新媒体视频资源进行有机融合，既可以作为高职院校动车组检修技术专业的教学用书，也可以作为铁路企业技术人员的培训用书。

为深化产教融合，校企合作，育训结合，推动企业深度参与协同育人，河北轨道运输职业技术学院与中国铁路北京局集团有限公司校企合作共同开发了本书。本书由河北轨道运输职业技术学院王伟宵、蒋奎和中国铁路北京局集团有限公司北京动车段贾潞担任主编，河北轨道运输职业技术学院王洁、中国铁路北京局集团有限公司北京动车段韩晓磊、北京动车段惠高扬担任副主编。具体分工如下：项目1由河北轨道运输职业技术学院蒋奎、王伟宵、杨献杰、王亚平、高喜廷、李娟、李沛及北京动车段贾潞编写，项目2由河北轨道运输职业技术学院刘雷、王磊及北京动车段郝明、陈兵编写，项目3由河北轨道运输职业技术学院王艳、刘平、孔媛编写，项目4由河北轨道运输职业技术学院张静斌、朱凤、王永韦、蒋奎及北京动车段惠高扬、张子君编写，项目5由河北轨道运输职业技术学院王伟宵、于莉、彭鹏、武欣、吴海京及北京动车段周葛兵编写，项目6由河北轨道运输职业技术学院王洁、王磊、王永韦、吴海京、孔媛及北京动车段韩晓磊编写。本书由中国铁路北京局集团有限公司北京动车段杨德文、齐庆山担任主审。

本书在编写过程中得到中国铁路北京局集团有限公司北京动车段等单位的大力支持和帮助，在此一并表示感谢！由于编者水平有限，书中难免有缺陷和不足，恳请广大读者批评指正。

编　者

2023年1月

目　　录

I

教学视频资源清单

序号	项目	任务	资源名称
1	项目 2	任务 2.5	动车组紧急制动不缓解视频
2		任务 2.6	动车组制动试验视频
3	项目 3	任务 3.1	动车组受电弓检测视频
4	项目 4	任务 4.3	动车组塞拉门操作视频
5		任务 4.4	动车组塞拉门故障处置视频
6	项目 5	任务 5.1	动车组前端车钩缓冲装置检查及润滑视频
7		任务 5.2	动车组转向架一级修视频
8		任务 5.3	动车组轮对检查视频
9		任务 5.4	更换动车组闸片作业视频
10	项目 6	任务 6.1	动车组一次出乘作业视频——接车作业
11			动车组一次出乘作业视频——始发途中作业
12			动车组一次出乘作业视频——终到及退乘作业
13		任务 6.3	动车组受电弓故障处置视频
14		任务 6.5	动车组火警处置视频

项目 1

专业认知实习

【项目构架】

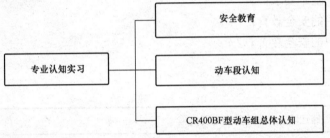

安全教育

专业认知实习 —— 动车段认知

CR400BF型动车组总体认知

【项目引导】

目的要求

1. 掌握安全教育的基本要求。

2. 掌握检修作业中的安全教育内容。

3. 掌握运用作业中的安全教育内容。

4. 了解全路动车段分布情况。

5. 掌握动车段的职责、组织结构。

6. 熟悉 CR400BF 型动车组的概况及主要技术参数。

7. 熟悉 CR400BF 型动车组的设备布置。

8. 掌握 CR400BF 型动车组的结构组成。

9. 养成服务大局的意识,培养奉献精神、敬业精神。

重点与难点

重点:

1. 铁路运输安全作业的规定及措施。

2. CR400BF 型动车组各系统组成。

难点:

1. 把安全教育贯彻在日常运用检修作业中。

2. CR400BF 型动车组的运用检修特点。

1

【项目内容】

任务 1.1 安 全 教 育

【任务描述】

"安全第一，预防为主"是铁路工作永恒的主题，通过本任务的学习，学生需掌握以下内容：

① 安全教育的基本要求；
② 检修作业中的安全教育；
③ 运用作业中的安全教育。

【学习目标】

知识目标	熟悉铁路运输安全作业的规定及措施
能力目标	使学生进一步深化已学到的专业基础理论知识，通过实践检查学生对所学理论知识的理解程度、掌握程度和应用能力
素质目标	理解"安全第一"的重大意义，提高安全意识，增强安全责任心，培养严谨的工作态度

【导 入】

树立安全发展理念，弘扬生命至上、安全第一的思想，健全公共安全体系，完善安全生产责任制，坚决遏制重特大安全事故，提升防灾减灾救灾能力。

——习近平

车辆部门应遵守国家有关法律法规，以保障铁路运输安全、车辆设备质量安全、劳动安全等生产安全目标，坚持"安全第一、预防为主、综合治理"的方针，全面推行安全风险管理，提高安全生产管理水平。

三级安全教育制度是企业安全教育的基本教育制度，是指对于新进厂（段）人员，包括新调入的工人、干部，以及学徒工、临时工、合同工、季节工和实习人员，采取厂（段）级教育、车间（动车所）级教育和班组教育的三级安全教育形式，使他们从入厂（段）之日起就逐步树立安全思想，遵守安全规章制度，熟悉安全生产知识，掌握安全操作技术，为安全生产打下良好的基础。

【活 动】

活动 1.1.1 安全教育

1. 基本要求

① 定期对车辆有关从业人员进行劳动安全教育，组织学习安全规章和有关操作规程；严格执行车辆有关主要工种岗位准入制度，从业人员在任职、提职、改职前，必须按规定进行安全教育培训，考核合格后，持证上岗。

② 上班前，严禁饮酒，并制定有关岗位班前酒精含量测试标准，未经酒精检测或酒精检测不合格严禁上岗；要充分休息好，保证工作时精力充沛，思想集中；工作前，要按规定穿戴好防护用品，检查确认所使用或交接的工具、设备的技术状态良好；工作中，要保持场地整洁，通道畅通；作业中必须保证精力集中、严守两纪，不准做与本岗位工作无关的事情；下班前，要关闭风、汽、水、电等开关，工具、材料要收拾整齐，打扫周围环境，做到工完、料净、场地清。

③ 在站场上道作业和行走时，要随时注意两邻线来往的机车车辆，防止被车上坠落物品、篷布绳索等击伤；严禁在枕木头、轨道心、车底下、车端部和站台边坐、立、闲谈、休息、避雨或乘凉；顺线路行走时，不走轨道中心和枕木头。横过线路和道口时，注意瞭望机车、车辆，执行"一站、二看、三确认、四通过"制度。严禁抢道、抓车、跳车、钻车；横越停留车辆的线路时，应先确认无调车作业及车辆无移动可能时，再由车钩上方通过，手抓牢，脚踩稳，严禁踩钩锁、钩颈和折角塞门把手。从停留车辆的端部横过线路时，要留有足够安全距离，迅速通过，不得在轨道中停留。

④ 车辆作业人员接发列车时要提前到达接发车地点，蹲在两线中间安全地点，目迎目送，并注意车辆运行、货物装载、篷布绳索状态；线间距小于规定标准的线路，邻线上、下行同时到发列车时，要在两线外侧接发列车。遇有动车、直达、特快旅客列车通过且无防护设施时，严禁对相邻线路的列车进行现场技术作业。

⑤ 两人以上从事同一作业时，必须指定专人指挥，统一行动，相互配合，呼唤应答；搬运材料、配件应在两线间行走，不得紧靠线路。两人以上扛抬物品时，应同肩同步，同起同落。

⑥ 登高作业之前，应检查确认登高辅助设备完整良好，设有防滑、固定等装置，并采取有效防护措施。作业时，要思想集中，不得用力过猛和探身过远或高空跨越；升降台在上下升降或左右移动时，必须瞭望，确认安全后才能开动；高空作业时，应佩戴安全带或采取有效防护措施，安全带应定期检验；露天工作场所遇有六级以上大风时禁止高空作业。

⑦ 分解组装车辆或机械上的配件时，应密切注意其连接情况，在没有采取有效安全防护措施的情况下，严禁拆卸。组装需吻合对孔的部件时，严禁用手指探摸孔槽，必要时应以工具拨动；一切零部件、工具材料不得丢掷。

⑧ 在电气化区段通过和使用的各种车辆、机具设备，不得超过机车车辆限界；任何人员及所携带的物品、工具等，必须与接触网带电部分保持安全距离；车辆上方的接触网设备

未停电并办理安全防护措施前，禁止任何人员攀登到车顶或车辆装载的货物上。

⑨ 机床及各种转动机械设备在开机前，要检查防护装置是否齐全、良好，给油状态是否良好；操作时，衣袖要扎紧，女职工的头发应挽在工作帽内。严禁戴手套操作；进行金属切削工作时，要戴好防护眼镜。

⑩ 各种锤、铲、锉、冲、斧等手动工具的材质硬度要适中，表面须平整，无卷边、缺损、裂纹。把柄须用硬木制作，要平滑光洁，无裂纹，不松动。锤柄应装有金属防脱楔子（不得用铁钉代替）。活动扳手、管钳子不准加装套管，不准用两个扳手咬合使用或用扳手代替手锤使用。挥抡大锤不准戴手套，在打击第一锤之前，应注意周围环境，确认安全状态。一切工具、材料不得抛掷传递，不得放在车顶、机械转动部位和边缘处所。

⑪ 使用各种镐类、千斤顶起重时，重心要找准，底座安放平稳、牢固；镐体垂直，铁与铁接触部要加防滑木垫，其行程不得超过全长的四分之三（或安全线）。在一个起重物上同时使用多台镐时要有专人指挥，平衡起落，防上倾倒；在起重过程中，起重物尚未垫妥架稳前，操纵人员不得离开岗位，身体任何部位不得伸入起重物下方。

⑫ 在作业场所，人员、机动车辆移动时必须按规定路线行走；交叉作业时，应采取可靠的防护措施。

⑬ 动车组维修或存放停留时，必须采取有效防溜措施。

2. 检修作业

① 分解、组装转向架时，应使用专用机具或天车吊运大型配件，并由两人以上操作；要加强联系、专人指挥、吊具牢靠、防止误动，严禁在吊起配件下方进行任何作业。

② 分解、组装车钩缓冲装置时，应使用专用工具，配件严禁直接落地，要安装好防护装置，禁止敲打、震动。

③ 拆装、检修制动装置配件时，必须先截断风源，排净余风，方能作业；作业结束后，要恢复开通位置；吹扫各种储风缸、制动管时，其风压不得超过规定；开放折角塞门吹尘时，应紧握制动软管连接器。

④ 使用单车试验器试验前，要大声呼唤或鸣笛，确认车下无人后方可进行；车体未落妥前，禁止施行单车试验；因故暂时离开，要关闭截断塞门。

⑤ 制动软管试压时，管堵要安装正位，进风要缓慢，风、水压力不得超过规定，严禁在有压力的情况下处理故障；制动阀试验时，严禁在有压力的情况下处理故障，严禁两人在一台制动阀试验台上同时进行作业。

⑥ 在车体上部作业时，作业人员必须站稳并注意周围情况，用力要适当，防止失身跌下；进行车体作业需撑起车门时，应使用规定的专用工具或吊勾撑牢；在车顶作业时，禁止骑在车帮上或悬空俯身作业。

⑦ 检修暖气、给水装置，必须确认管内无水、无气后方可作业；检验、调试各阀门时，不能用力敲打，送气前要通知周围有关人员，并缓慢开启阀门。

⑧ 轮对检修作业时，不得脚踩钢轨，要随时注意前后轮对的动态，设好防溜装置，严禁骑跨钢轨推送轮对；堆放车轮和车轴时，要采取防滑、防滚动和防倾倒措施。

⑨ 严禁在列车中进行危及列车运行安全和人身安全的故障处理。

⑩ 检修客车内顶灯、配线时，应穿戴个人防护用品，正确使用工具、仪器、仪表；切

断电源前，严禁身体任何部位接触电源线、端子等带电体，以防触电；登高作业时，要使用专用登高设备，不得脚踏座椅靠背，要做好隔离防护，保证周围人员安全。

⑪ 对电气设备进行维护工作时，应断开相应的断路器、闭锁开关，设置接地连接、短路、放电回路，使用绝缘工具进行操作，在电闸上应挂有"有人作业、禁止合闸"警告牌，必要时要设专人看守或锁闭闸箱，拔掉保险，采取必要措施防止触电和电击伤害。

⑫ 对车下高压设备、变压器、变流器进行检查维修工作时，禁止升弓。当安全接地保护开关闭合时间符合放电时间规定后，方可进行作业；作业期间，始终闭合安全接地保护开关；作业结束后，须断开安全接地保护开关；对带有电容器的设备进行检查维修作业时，必须确认电容器已完全放电。必须在动车组放电完毕后方可进行车顶检修作业。

⑬ 对供风及制动系统、受电弓、脚蹬、前罩开闭机构、自动车钩及转向架等供风、用风设备进行维修作业时，须采取截断风源、排风等安全措施。

3. 运用作业

① 在动车组出检查（修）库前，要确认动车组具备移动条件；在动车组入检查（修）库前，要对库内设备状态进行确认；动车组出、入库前，须通过语音广播提示库内检修人员；在动车组移动过程中，严禁穿越该股道；动车组在进行调车作业（含解编、重联作业）或出、入库作业时，必须关闭动车组所有侧门、窗；动车组出、入库须有记录。动车组司机在动车组出、入库前须进行联控，确认具备条件后，再进行动车组出、入库作业。

② 动车所（检修车间）供断电作业必须由动车所（检修车间）值班员、操作员、监护员共同进行，做好呼唤应答，操作员、监护员必须具备上岗资格，并按规定穿戴好防护用品；供断电作业前，须确认是否具备供断电条件。作业人员必须办理申请和签认手续。

③ 动车组库内登顶作业人员须按规定办理手续并填写记录单，领取和交还隔离门钥匙（门禁卡）。登顶作业前，须确认接触网已断电并实施可靠接地，严格执行一人一卡制度；作业时，应在防滑带行走，防止坠落。

④ 动车组车下作业前，须采取动车组防溜和人员防触电措施；作业中，重点防止碰伤、砸伤，以及电机、风机等设备运转引起的伤害。

⑤ 动车组进行车门开关试验时，应先广播通知作业人员，防止坠落；进行通电试验前，须确认车下设备检修完毕。

⑥ 动车组库内外皮保洁作业时，需在接触网断电情况下或使用专用外皮清洗机进行；严禁用水冲洗车顶受电弓、高压电缆头连接器和头罩开闭部位。

⑦ 动车组临修库作业人员须确认移动接触网、隔离开关状态，确认临修库设备不侵限、动车组受电弓升弓状态等。

⑧ 动车组运行途中停车处理故障时，随车机械师要与司机呼唤应答，在高速铁路上还应确认得到列车调度员已按规定发布邻线限速调度命令的口头指示，并做好安全防护工作后方可下车。在接触网带电区域严禁上车顶，必须登顶时，需在申请得到允许、断电并做好防护的情况下方可登顶作业。

电气化铁路区段运用作业人员除遵守上述规定外，还必须执行以下规定：

① 携带的任何物件与接触网设备的带电部分应保持 2 m 以上距离。

② 运用作业设备的安装，工具、材料、配件的堆放，必须与电气化有关设备隔开 0.5 m

以上的距离。

③ 接触网折断下垂搭在车辆上，或其他物品与接触网接触时，作业人员不要进行处理，应保持 10 m 以上距离，同时对现场进行防护，并及时通知有关人员查处。

④ 严禁任何人员在电气设备处所倚靠或坐卧。

活动 1.1.2　思考练习

1. 简述动车组库内登顶作业人员需遵守的安全规定。
2. 简述三级安全教育制度的内容。

【考核评价】

1. 综合评价表（见表 1–1）

表 1–1　综合评价表

序号	考核项目	总分	评分标准	自评分	互评分	教师评分	综合评分
1	课前知识查阅、调研完成情况	20	（1）调研铁路职工应具备的一般安全常识。 （2）调研动车段对安全管理的规定。				
2	课中参与及协作沟通表现	20	（1）学生积极举手回答问题。 （2）学生普遍具有问题意识，敢于质疑问难，敢于发表不同见解。 （3）学生善于倾听、理解他人发言，并能及时抓住要点。 （4）合作学习适时有效，目标达成度高。				
3	对铁路运输安全作业规定的掌握情况	50	（1）掌握安全教育的基本要求。 （2）掌握检修作业中的安全教育。 （3）掌握运用作业中的安全教育。				
4	思政方面	10	（1）理解"安全第一"的重大意义。 （2）提高安全意识，增强安全责任心。 （3）培养严谨的工作态度。				

注：综合评分=自评分×20%+互评分×30%+教师评分×50%，余同。

2. 教师评价建议

_____

_____

_____

_____

任务 1.2　动车段认知

【任务描述】

动车段是动车组进行高级修和运用修的基地。通过本任务的学习，学生需掌握以下内容：
① 全路动车段的分布情况；
② 动车段的职责；
③ 动车段的组织机构。

【学习目标】

知识目标	了解全路动车段的分布情况，掌握动车段的职责、组织结构
能力目标	了解动车段的技术装备水平、车间组成，对动车段总体概况形成初步认识
素质目标	培养服务大局的意识，培养奉献精神、敬业精神，能够比较自如地与他人沟通、协作完成工作

【导　　入】

动车组实行国铁集团、铁路局集团公司、动车（客车）段三级专业管理。

【活　　动】

活动 1.2.1　动车段概况

国铁集团运输统筹监督局机辆部为铁路动车组系统最高级单位，在各铁路局集团公司下设车辆处，每个车辆处下设若干个动车段，动车段下设若干个检修车间、运用车间、职能科室。

全路共有 18 个铁路局集团公司，下辖 25 个动车（车辆）段，具体如表 1–2 所示。

表 1–2　全路动车（车辆）段

序号	铁路局集团公司	动车（车辆）段
1	哈尔滨局	哈尔滨动车段
2	沈阳局	沈阳动车段
3	北京局	北京动车段
4		天津动车客车段
5	太原局	太原车辆段

序号	铁路局集团公司	动车（车辆）段
6	呼和浩特局	包头车辆段
7	郑州局	郑州动车段
8	武汉局	武汉动车段
9	西安局	西安动车段
10	济南局	青岛动车段
11	上海局	上海动车段
12		南京动车段
13	南昌局	福州动车段
14		南昌车辆段
15	广州局	广州动车段
16		长沙车辆段
17		海口机辆轮渡段
18	南宁局	南宁车辆段
19	成都局	成都动车段
20		重庆车辆段
21		贵阳车辆段
22	昆明局	昆明车辆段
23	兰州局	兰州车辆段
24	乌鲁木齐局	乌鲁木齐车辆段
25	青藏公司	西宁车辆段

活动 1.2.2　动车段的职责、类型、组织机构

1. 动车段的职责

动车（客车）段（以下简称动车段）是动车组车辆运用维修工作的责任主体，其职责是贯彻执行上级相关规章制度、管理办法及技术标准，规范段内各部门的人员配备及管理，优化生产组织和流程，协调联劳单位共同做好动车组运用维修工作。

2. 动车段的组织机构

动车段根据生产需要设置相应的行政部门和生产车间等生产部门。但各动车段因历史发展和人员地域结构的原因，在机构设置上不尽相同，但所有机构、部门的设定，都是为了更好地服务于动车组运用检修生产工作。

行政部门一般包括办公室、安全科、技术科、调度科、职教科、设备科、劳资（人事）

科、财务科、材料科、质检科等科室，部分动车段设有技术支持中心、材料配送中心等辅助生产机构。

生产部门一般有动车所、综合服务类车间（设备、材料、后勤车间）等。动车所还包括性质不同的客专动车所、城际动车所。

有的动车段根据管理需要成立了具备质量检查验收职能的独立车间（如质检车间）或成立了具备动车组乘务管理职能的独立车间（如乘务车间），便于专业管理。

活动 1.2.3　思考练习

1. 简述动车段的职责。
2. 简述动车段的组织机构。

【考核评价】

1. 综合评价表（见表 1-3）

表 1-3　综合评价表

序号	考核项目	总分	评分标准	自评分	互评分	教师评分	综合评分
1	课前知识查阅、调研完成情况	20	调研我国动车段的分布情况。				
2	课中参与及协作沟通表现	20	（1）学生积极举手回答问题。 （2）学生普遍具有问题意识，敢于质疑问难，敢于发表不同见解。 （3）学生善于倾听、理解他人发言，并能及时抓住要点。 （4）合作学习适时有效，目标达成度高。				
3	动车段的分布情况、动车段组织机构的掌握情况	50	（1）掌握全路动车段的分布情况。 （2）掌握动车段的职责。 （3）掌握动车段的组织机构。				
4	思政方面	10	（1）培养服务大局的意识。 （2）培养奉献精神、敬业精神。				

2. 教师评价建议

任务 1.3　CR400BF 型动车组总体认知

【任务描述】

CR400BF 型动车组是复兴号大家族中重要的一员，通过本任务的学习，学生需掌握以下内容：

① CR400BF 型动车组的概况及主要技术参数；

② CR400BF 型动车组的设备布置；

③ CR400BF 型动车组的结构组成。

【学习目标】

知识目标	对 CR400BF 型动车组的总体概况做初步认知，掌握其组成，了解其主要技术参数
能力目标	能正确分析 CR400BF 型动车组的结构特点、运用方向
素质目标	理解复兴号上线运营的重大意义；学习精益求精的大国工匠精神；树立科技报国的家国情怀和使命担当

【导　　入】

新一代标准动车组"复兴号"是中国自主研发、具有完全知识产权的新一代高速列车，它集成了大量现代国产高新技术，牵引、制动、网络、转向架、轮轴等关键技术实现重要突破，是中国科技创新的又一重大成果。

"复兴号"动车组的成功研制和运营，标志着中国已全面掌握高速铁路关键核心技术，建立了基于自主知识产权的高速动车组技术平台和技术标准体系，迈出了从追赶到领跑的关键一步。

【活　　动】

活动 1.3.1　熟悉 CR400BF 型动车组

1. 概况

时速 350 km 的 CR400BF 型中国标准动车组，由中车唐山机车车辆有限公司（以下简称唐山公司）与中车长春轨道客车股份有限公司（以下简称长客股份）联合设计，采用长客股份技术平台进行生产制造。该动车组为动力分散型电动车组，八辆编组、四动四拖，轮周牵引功率为 10 140 kW，运营速度为 350 km/h，同速度等级动车组可两列重联运行。动车组采用交流传动系统，分为两个牵引单元，每个牵引单元又包括两个动力单元。

CR400BF 型动车组的动力及辅助供电配置如图 1-1 所示。

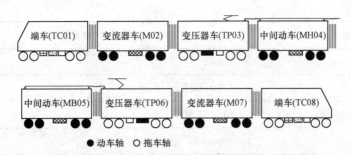

图 1-1　CR400BF 型动车组的动力及辅助供电配置图

TC01/M02/TP03/MH04、MB05/TP06/M07/TC08 分别组成一个牵引单元。

2. 技术参数

CR400BF 型动车组的主要技术参数如表 1-4 所示。

表 1-4　CR400BF 型动车组的主要技术参数

参数	参数值
列车长度	约 210 m
编组	8 辆一组
轴列式	$2-2+B_0-B_0+2-2+B_0-B_0+B_0-B_0+2-2+B_0-B_0+2-2$
定员	576 人
轨距	1 435 mm
限界	GB 146.1—2020
车辆长度	中间车 25 000 mm；端车 27 255 mm
车辆定距	17 800 mm
转向架固定轴距	2 500 mm
车体宽度	3 360 mm
车顶距轨面高度	4 050 mm
地板布面距轨面高度	1 260 mm
供电电压	AC 25 kV/50 Hz
海拔 1500 m 以下时轮周最大许可输出功率（海拔增高，则输出功率降低）	10 140 kW
从 17.5 kV 到 25 kV 从 29 kV 到 31 kV	降低
从 29 kV 到 31 kV	5 min 后切断
低于 17.5 kV 和超过 31 kV	自动切断

参数		参数值
最低运用时间		330 d/a
每年运行能力		1 000 000 km
再生制动的轮周最大功率		10 140 kW
持续运行速度		350 km/h，剩余加速度≥0.05 m/s²
最高运行速度		350 km/h
运行站台高度	距轨面高度	1 250 mm
	轨道中心距站台边缘距离	1 750 mm
头车自动车钩高度		1 000 mm
中间车钩高度		935 mm
0 到 200 km/h 平均加速度		≥0.4 m/s²
最大轴重		17 t
最小轨道半径 S 形曲线		连挂运行时：250 m；单车调车时：150 m 曲线 180 m+过渡 10 m+曲线 180 m
与机车连挂能力（机车采用中国铁路 15 号自动车钩，钩高为 880 mm）		救援时，采用过渡机械车钩
最大坡度	正线上最大坡度	12‰
	困难条件下	20‰
	站段联络线	≤30‰
隧道的有效面积	单洞双线隧道	100 m²
	单线隧道	75 m²

活动 1.3.2　熟悉 CR400BF 型动车组的设备布置

1. 车内设备布置

CR400BF 型动车组设商务/一等座车 1 辆（TC01 车）、商务/二等座车（TC08 车）1 辆、二等座车（M02/TP03/TP06/M07 号车）4 辆、带残疾人设施二等座车（MH04 车）1 辆、餐座合造车（MB05 车）1 辆。

两端车前部各设一个休闲观光区，观光区内设商务座椅。一等车座席采用 2+2 布置，二等车座席采用 2+3 布置，餐座合造车设二等座区，采用 2+3 布置。车内布置如图 1-2 所示。

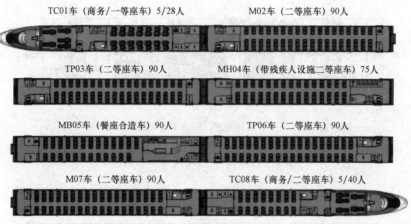

TC01车（商务/一等座车）5/28人　　　　M02车（二等座车）90人

TP03车（二等座车）90人　　　　MH04车（带残疾人设施二等座车）75人

MB05车（餐座合造车）90人　　　　TP06车（二等座车）90人

M07车（二等座车）90人　　　　TC08车（商务/二等座车）5/40人

图 1-2　车内布置

2. 车顶设备布置

时速 350 km 的中国标准动车组车顶高压设备主要分布在 TP03/06 车上，车顶设备布置如图 1-3 所示。

1—受电弓；2—高压设备箱。
图 1-3　车顶设备布置

3. 车下设备布置

车下设备布置如图 1-4～图 1-8 所示。

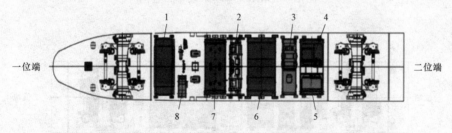

一位端　　　　　　　　　　　　　　　　　　　二位端

1—充电机；2—污物箱；3—风缸废排装置；4—车载电源箱；5—制动控制单元；
6—辅助变流器；7—蓄电池；8—BP 救援转换装置。
图 1-4　TC01/08 车车下设备布置图

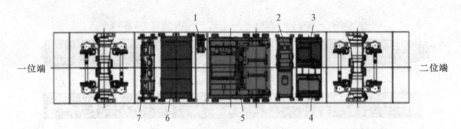

1—辅助压缩机；2—风缸废排装置；3—车载电源箱；4—制动控制单元；
5—主变压器；6—辅助变流器；7—污物箱。

图1-5　M02/07车车下设备布置图

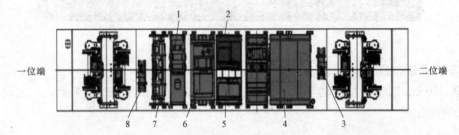

1—风缸废排装置；2—车载电源箱；3—牵引电机通风机；4—牵引变流器及冷却单元；
5—制动控制单元；6—主空气压缩机；7—污物箱；8—牵引电机通风机。

图1-6　TP03/06车车下设备布置图

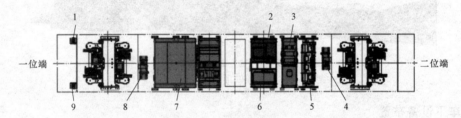

1—沙箱；2—车载电源箱；3—风缸废排装置；4—牵引电机通风机；5—污物箱；6—制动控制单元；
7—牵引变流器及冷却单元；8—牵引电机通风机；9—沙箱。

图1-7　MH04车车下设备布置图

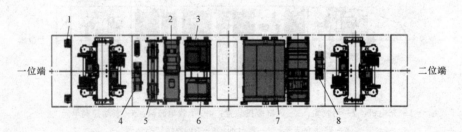

1—沙箱；2—风缸/废排装置；3—车载电源箱；4—牵引电机通风机；5—污物箱；6—制动控制单元；
7—牵引变流器及冷却单元；8—牵引电机通风机。

图1-8　MB05车车下设备布置图

活动 1.3.3 掌握 CR400BF 型动车组的结构组成

1. 车体技术及结构

CR400BF 型动车组根据车窗及车内设施不同,车体分为 6 种车型,分别为 TC01、M02/07、TP03/06、MH04、MB05、TC08 车,其中 4 辆是动车。

动车组的车体承载结构采用车体全长的大型中空铝合金型材组焊而成,为筒形整体承载结构。车体具有很好的防振、隔音效果,尤其是侧墙。车体所使用的材料为可焊接铝合金,具有良好的防腐性。

车体承载结构是由底架、侧墙、车顶、端墙以及设备舱组成的整体结构。对于头车还设有司机室,头车的车体结构设计能够为司机提供一个安全空间。中间车的车体三维图如图 1-9 所示,头车的车体三维图如图 1-10 所示。

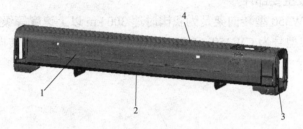

1—侧墙;2—底架;3—端墙;4—车顶。

图 1-9 中间车的车体三维图

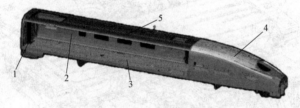

1—端墙;2—侧墙;3—底架;4—驾驶室;5—车顶。

图 1-10 头车的车体三维图

2. 车端连接装置

车端连接装置主要由车钩缓冲装置、风挡、电气连接、空气管路连接及车端阻尼装置等部件组成,如图 1-11 所示。

1—风挡;2—中间车钩;3—空气管路连接;4—电气连接;5—自动车钩。

图 1-11 车端连接装置

1）车钩缓冲装置

动车组的车钩缓冲装置主要分为三种：用于动车组前端的自动车钩；用于动车组车辆之间的中间车钩；用于动车组救援的过渡车钩。

2）外风挡

全包外风挡由橡胶胶囊和铝合金框架组成，外风挡分为6个部分，包括左上、右上、顶部、左下、右下、底部，它们均通过M12螺栓安装到车体上。胶囊内壁开有安装工艺孔，方便螺栓的安装和拆卸。胶囊表面喷漆，颜色为中国白，做亚光处理。

3）内风挡

内风挡可适应车辆间的所有相对运动，为乘客提供一个安全、舒适的过道。内风挡主要包括以下几个主要部件：内风挡组成、镶嵌式渡板组成、板簧座组成、板簧固定座组成、板簧、踏板组成、左支架组成、右支架组成、过渡板组成、防滑贴、托架组成。

3. 转向架结构及主要部件

CW350（D）、CW350型转向架是为我国时速300 km以上速度等级线路开发的高速转向架，其中动力转向架型号为CW350（D），如图1-12所示。非动力转向架型号为CW350，如图1-13所示。

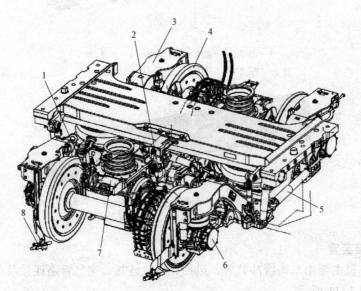

1—基础制动装置；2—牵引装置；3—构架；4—轮对轴箱定位装置；5—二系悬挂装置；

6—轴端装置；7—驱动装置；8—辅助装置。

图1-12　CW350（D）型动力转向架

CW350（D）型转向架为两轴无摇枕、有联系枕梁转向架，采用H型焊接构架，转臂式轴箱定位、双圈螺旋式钢弹簧和垂向减振器的一系悬挂装置，大柔度空气弹簧、横向减振器、横向止挡、抗蛇行减振器（每侧两个）和Z型牵引装置的二系悬挂装置，盘式基础制动装置，架悬式交流电机，联轴节和齿轮传动系统。非动力转向架采用与动力转向架基本相同的结构形式。

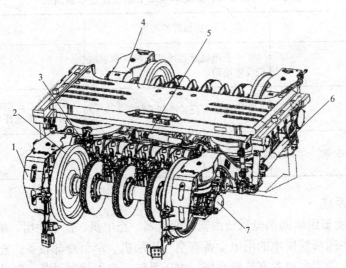

1—辅助装置；2—轮对轴箱定位装置；3—基础制动装置；4—构架；

5—牵引装置；6—二系悬挂装置；7—轴端设备。

图 1-13 CW350 型非动力转向架

4. 牵引系统

CR400BF 型动车组牵引系统主电路如图 1-14 所示。动车组牵引系统由两个牵引单元（01 至 04 车和 05 至 08 车）组成，每个牵引单元由两辆动车和两辆拖车构成，两个牵引单元采用对称式设计。一个牵引单元包括一台牵引变压器及其冷却单元、两台牵引变流器及其冷却单元、四台牵引电机、两台牵引电机冷却风机。动车组共设置两台牵引变压器，安装在 TP03/06 车，为相邻两个动力车的两台牵引变流器分别提供单相交流电源，有一辆动车包含一台牵引变流器，牵引变流器采用交—直—交变换，可供本车四台牵引电机正常运行，并可实现牵引电机的变频调速。此外，牵引变流器通过中间直流环节为辅助变流器提供电源。牵引变流器牵引运行时向牵引电动机供电，制动时将制动再生电能反馈回电网。牵引系统设备布置情况如表 1-5 所示。

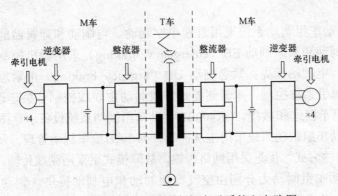

图 1-14 CR400BF 型动车组牵引系统主电路图

表 1-5　CR400BF 型动车组牵引系统设备布置情况

车号	牵引部件的布置	相关高压部件
M02/07 车	牵引变流器及其冷却系统、牵引电机及齿轮箱	
TP03/06 车	牵引变压器及其冷却系统	受电弓、主断路器、避雷器、高压互感器、接地开关、高压隔离开关
MH04/MB05 车	牵引变流器及其冷却系统、牵引电机及齿轮箱	

5. 辅助电气系统

CR400BF 型动车组辅助供电系统由辅助变流器、充电机、蓄电池组、单相逆变器、隔离变压器等组成。中压母线供电的用电设备有空气压缩机、牵引冷却设备、充电机、空气调节器；低压母线供电的用电设备有诊断系统、娱乐系统、牵引控制设备、制动控制设备和照明系统。应急供电的用电设备有应急通风、应急照明、列车无线电、应急制动、视频监控和通告通信。CR400BF 型动车组辅助供电系统的部件配置如表 1-6 所示。

表 1-6　CR400BF 型动车组辅助供电系统的部件配置

	TC01	M02	TP03	MH04	MB05	TP06	M07	TC08
辅助变流器	1	—	1	—	—	1	—	1
充电机	2	—	—	—	—	—	—	2
蓄电池组	2	—	—	—	—	—	—	2
单相逆变器	1	1	1	1	1	1	1	1
隔离变压器	1	1	1	1	1	1	1	1

6. 制动系统

CR400BF 型动车组制动系统采用直通电空制动、电制动和弹簧储能式停放制动三种制动模式。常用制动和紧急制动 EB（emergency braking）采用微机控制的直通电空制动系统，空电复合，电制动优先；紧急制动 UB（urgency braking）由紧急制动电磁阀失电控制；电制动由牵引系统控制；弹簧储能式停放制动由硬线控制。头车设置 BP 救援转换装置和列车管，用于回送和救援。CR400BF 型动车组制动系统设备示意图如图 1-15 所示。

CR400BF 型动车组制动系统采用主从控制、列车级/单车制动管理。制动指令采用硬线和网络信号冗余传输方式，优先采用网络传输，故障模式下采用硬线传输。

CR400BF 型动车组制动力分别由空气摩擦制动和电制动提供，制动控制单元（brake control unit，BCU）负责控制空气摩擦制动的实施，牵引控制单元（traction control unit，TCU）负责控制电制动的实施。

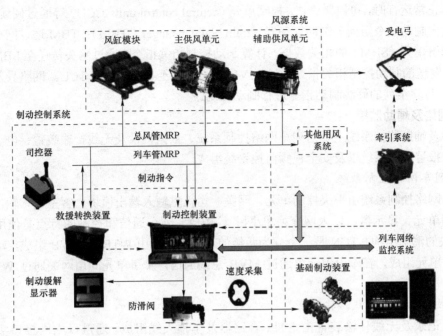

图 1-15　CR400BF 型动车组制动系统设备示意图

　　CR400BF 型动车组 8 辆编组，车辆分为 2 个牵引单元，每个牵引单元由 4 个 BCU 和 2 个 TCU 组成。制动系统共用列车 TCN 网络，每个牵引单元内的通信由车辆级数据总线（multifunction vehicle bus，MVB）来完成，单元间的通信由列车级数据总线（wire train bus，WTB）完成，CR400BF 制动系统控制原理图如图 1-16 所示。

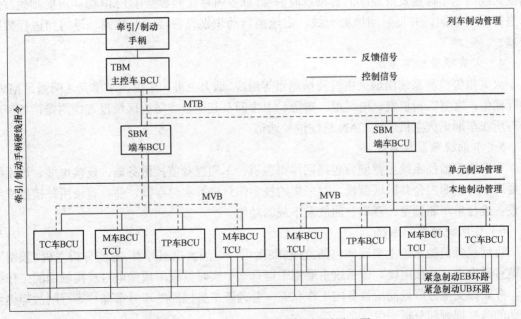

图 1-16　CR400BF 制动系统控制原理图

列车正常运行时，司控器、中央控制单元（central control unit，CCU）等通过硬线和 MVB 网络，发出制动指令至列车制动管理器（train brake manager，TBM）；TBM 通过网关接收来自其他牵引单元（SBM）的相关数据，计算制动控制相关指令，通过网关传递至 SBM；SBM 将 TBM 发送的制动控制相关指令通过 MVB 网络发送至各 BCU 和 TCU。网络异常时，各 BCU 根据贯穿全列的硬线制动指令进行制动控制。

7. 网络及辅助监控

网络及辅助监控系统主要由列车网络控制系统、数据记录及无线传输装置、电子标签设备、火灾报警检测系统以及安全视频监控系统组成。

1）列车网络控制系统

列车网络控制系统由中央控制单元、网关、司机室输入输出模块、客室输入输出模块、高压控制单元、显示器、以太网交换机/网关等构成。列车通信和控制的特点是使用了基于 TCN 模块的清晰结构。TCN 是一个分为两级的通信网络，由 WTB 和 MVB 组成。动车组由两个牵引单元组成，在牵引单元内通过 MVB 总线通信，牵引单元间由网关通过 WTB 总线通信。

2）数据记录及无线传输装置

数据记录及无线传输装置由主机、合路器及车顶天线组成，通过以太网接口实现数据的快速下载和实时输出，通过 GPRS/WLAN 无线网络按照车地通信协议及时传输相应的数据。

3）电子标签设备

电子标签设备主要包括安装在头车底部的电子标签和安装在车上配电柜内的车载信息编程器，同时包括配套线缆，如电子标签电缆、电源电缆、通信电缆等。地面自动识别设备通过天线向电子标签发射连续的射频载波信号，标签内存储的数据按 FM0 编码对射频载波信号进行反射调制，并反射回地面天线，由地面自动识别设备接收并解调、译码和进行数据处理。

4）火灾报警检测系统

火灾报警检测系统由烟火主机及探测器等组成，烟火主机和中央控制单元之间通过 MVB 进行通信，客室、司机室、电气柜、厨房、卫生间及其他重点防火区域设置探测器，各探测器与所在车厢烟火主机通过 CAN 总线进行通信。

5）车厢视频监控系统

车厢视频监控系统主要硬件包括网络摄像机、车厢视频监控服务器、连接电缆。该系统主要用于对车厢内公共区域监视，对采集的视频信息进行实时存储，并具有使用外接授权终端设备进行单车厢预览、查询、回放及下载的功能。

6）弓网视频监控系统

弓网视频监控系统主要硬件包括监控屏、受电弓视频监控服务器、智能分析主机（预留）、受电弓摄像机、连接电缆。该系统主要用于运行途中实时监视车顶受电弓及接触网的工作状态，并兼顾受电弓附近高压设备的工作状态，并为随车机械师处理异常降弓等弓网故障提供辅助的监视视频和分析图像。

8. 旅客信息系统

CR400BF 型动车组的旅客信息系统由以下几部分组成：旅客信息显示器、列车内部通信和广播通告、旅客音视频娱乐系统、车载无线系统、座位信息显示器等。

1）旅客信息显示器

旅客信息显示器由每节车厢两端圆头位置的显示屏（车内信息显示器）以及靠近车门外侧的显示屏（车外信息显示器）组成。车内信息显示器主要显示车次号、车厢号、车外温度、当前速度等信息；车外信息显示器主要显示车次号、车厢号和起点站、终点站。这些信息均是由旅客信息系统控制器通过以太网总线转发至车厢控制器，车厢控制器通过 RS485 数据总线提供的。旅客信息系统初始化后，旅客信息显示器自动转为由旅客信息系统主机控制。存储在旅客信息系统主机中的指令根据列车当前路线，自动发送预定义信息至车内及车外信息显示器。

2）列车内部通信和广播通告

每列车的司机室、乘务员室和其他车厢内部均安装有车内联络电话，司机室和乘务员室各设置 1 台 I 型车内联络电话，其他车每节车厢设置 1 台 II 型车内联络电话。两种电话功能完全一样，仅外形有所区别。内部扬声器安装在标准动车组的车厢内部，用于为车厢内的乘客提供语音服务信息、人工广播、MP3、FM 节目和电视伴音等音频信息。

3）旅客音视频娱乐系统

此娱乐系统为旅客信息系统（PIS）的子系统，该系统将在旅途中为一等车和二等车提供音视频娱乐服务，为 VIP 乘客提供音视频娱乐和呼叫服务。

4）车载无线系统

车载无线系统利用无线传输技术，为乘客提供方便、便捷且丰富的娱乐视听内容。单车服务器和中心服务器是车载无线系统的核心设备，其中中心服务器是列车车厢内无线网络的核心设备，用于统一管理各车厢的单车服务器以及接入安全控制等，能够提高无线网络的性能及可靠性，便于无线网络的管理维护。同时，中心服务器集成网关功能，可监测用户行为并具有记录与追溯等功能。

5）座位信息显示器

座位信息显示器设置于行李架前端，每排座椅设置一个。座位信息显示器的功能是显示座位号，如 01A 等，并指明窗户的位置。座位信息显示器由 PIS 柜内的 80 W 电源模块供电。

9. 车内设施

随着社会的进步，经济的发展，人们对于乘车的舒适性要求越来越高。动车组空调系统、给排水系统、电开水炉、集便装置等车内设施进一步满足了旅客的乘车要求。

1）动车组空调系统

CR400BF 型动车组客室空调系统采用单元式空调机组，安装在每辆车的车顶。同时，每辆车的底架下方都装有一套废排单元。在通过台处，循环通风加热器集成在门罩板后或端墙柜子间壁内。另外，还有两组风道再加热器安装在消音风道内，用于冬季客室的辅助加热。

在司机室装有一套独立于客室的空调系统，可对司机室空调进行单独调节。司机室空调系统也设有风道再加热器，用于冬季司机室的辅助加热。

① 客室空调机组：端车（01/08）、04 车、05 车的客室空调机组安装在二位端，其他车上的客室空调机组安装在一位端。空调机组从车辆上部吊装到焊接在车顶的空调安装框架上，安装后，将空调机组紧固到车体上，并且在安装框架的周围进行密封。

② 司机室空调机组：司机室空调系统的设计结构相对独立，采用单元式空调机组，放置在端车的车顶中间通过台上的位置。司机室空调机组通过风道将气流输送给司机室。

注意：两个端车（01/08）的司机室空调系统是完全相同的。在正常运行模式下，司机室空调系统是独立的，与客室的空调系统没有联系。

2）给排水系统

CR400BF 型动车组全列共设置 8 个车上净水箱，重力供水给卫生间、洗面间、电开水炉和拖布间等用水单元，其中 TC01/08 车净水箱容量为 300 L，其余车净水箱容量为 400 L，水箱通过支架吊装在车顶的 C 型槽上，液位传感器安装在水箱侧面。

餐车设置车下净水箱，净水箱容量为 700 L，靠压力供水给厨房用水单元。同时车上设置 120 L 中间水箱，车下水箱的水用泵泵到中间水箱，中间水箱重力供水给厨房用水单元。液位传感器安装在水箱底部。

3）电开水炉

电开水炉是专门为列车设计的一种利用电能转化为热能加热开水的供水设备，具有结构紧凑、安装方便、加热能力强、抗动态震动好的特点，采用电磁加热功能及液位传感器控制装置，安全可靠，操作简单，维护方便。

电磁加热是一种利用电磁感应原理将电能转换为热能的设备。在电开水炉内部，由整流电路将 50/60 Hz 的交流电压变成直流电压，再经过控制电路将直流电压转换成高频电压，高速变化的电流流过线圈会产生高速变化的磁场，当磁场内的磁力线通过金属器具时会在体内产生无数的小涡流，使金属器具本身自行高速发热，从而加热水。

4）集便装置

一套完整的传输型集便装置由系统控制板、气控操作板、坐式集便装置或蹲式集便装置、水增压器、中转箱、污物箱、冲水按钮、喷射器、气管、水管、污物管、连接电缆等组成，具有集便功能、增压水冲洗集便装置功能、带复位的故障报警功能、防冻排空功能等。

活动 1.3.4　思考练习

1. 简述 CR400BF 型动车组的结构组成。
2. 简述 CR400BF 型动车组旅客信息系统的组成。
3. 简述 CR400BF 型动车组牵引系统的设备布置。

【考核评价】

1. 综合评价表（见表 1-7）

表 1-7　综合评价表

序号	考核项目	总分	评分标准	自评分	互评分	教师评分	综合评分
1	课前知识查阅、调研完成情况	20	（1）调研复兴号的车型。 （2）调研复兴号的技术创新点。				
2	课中参与及协作沟通表现	20	（1）学生积极举手回答问题。 （2）学生普遍具有问题意识，敢于质疑问难，敢于发表不同见解。 （3）学生善于倾听、理解他人发言，并能及时抓住要点。 （4）合作学习适时有效，目标达成度高。				
3	对 CR400BF 型动车组的结构特点、技术参数的掌握情况	50	（1）掌握 CR400BF 型动车组的编组形式、轴重等主要技术参数。 （2）掌握 CR400BF 型动车组的设备布置情况。 （3）掌握 CR400BF 型动车组的结构组成。				
4	思政方面	10	（1）理解复兴号上线运营的重大意义。 （2）学习精益求精的大国工匠精神。 （3）树立科技报国的家国情怀和使命担当。				

2. 教师评价建议

_____

_____

_____

_____

_____

_____

_____

_____

_____

_____

_____

_____

CR400BF 型动车组制动系统

【项目构架】

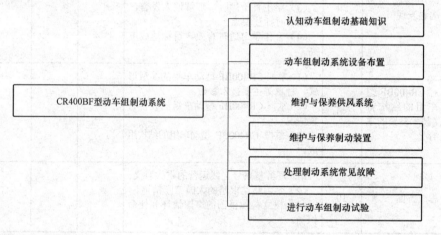

```
                                        ┌─────────────────────────┐
                                        │   认知动车组制动基础知识   │
                                        └─────────────────────────┘
                                        ┌─────────────────────────┐
                                        │   动车组制动系统设备布置   │
                                        └─────────────────────────┘
┌──────────────────────┐              ┌─────────────────────────┐
│ CR400BF型动车组制动系统 │──────────────│   维护与保养供风系统       │
└──────────────────────┘              └─────────────────────────┘
                                        ┌─────────────────────────┐
                                        │   维护与保养制动装置       │
                                        └─────────────────────────┘
                                        ┌─────────────────────────┐
                                        │   处理制动系统常见故障     │
                                        └─────────────────────────┘
                                        ┌─────────────────────────┐
                                        │   进行动车组制动试验       │
                                        └─────────────────────────┘
```

【项目引导】

目的要求

1. 掌握制动系统的基本知识。
2. 掌握动车组制动系统设备的布置情况。
3. 掌握主空压机维护保养的作业程序与要求。
4. 掌握基础制动装置维护保养的作业程序与要求。
5. 掌握制动系统常见故障的处理方法。
6. 掌握动车组制动试验作业的操作方法。

重点与难点

重点：

1. 主空压机维护保养作业的操作过程。
2. 基础制动装置维护保养的作业程序。
3. 各种检修工具的正确使用。

难点：

1. 主空压机维护保养的作业内容。
2. 各种检修工具的正确使用。
3. 制动系统常见故障处理方法。

【项目内容】

任务 2.1　认知动车组制动基础知识

【任务描述】

当 CR400BF 型动车组运行 6 000 km 或运用 48 h 时，检修人员需依据作业指导书的规范标准进行制动系统的检查作业。通过实训教学，学生需完成以下任务：

① 对制动系统部件的检查，判断其工作状态是否正常。

② 填写记录单。

在整个作业过程中，应遵循现场工作管理规范。

【学习目标】

知识目标	掌握动车组制动系统的组成和工作原理
能力目标	掌握动车组制动系统的工作过程
素质目标	培养学生用理论知识分析实际问题的能力

【导　　入】

1. 动车组制动系统的功能

制动系统有如下功能：

① 常用制动；

② 紧急制动 EB；

③ 紧急制动 UB；

④ 旅客紧急制动；

⑤ 保持制动；

⑥ 停放制动。

各轴都具有车轮防滑保护功能。制动控制单元检测各轴速度，如果检测到车轮滑动，制动控制单元将通过接通/断开防滑阀的电源来缓解/保持/实施制动。紧急制动时，车轮滑动保护设备依然有效。

2. 动车组制动系统的组成与工作原理

1）动车组制动系统的组成

动车组制动系统主要由制动控制装置（核心为制动控制模块）、BP 救援转换装置、供风单元、辅助供风装置、撒砂装置、基础制动装置等组成，设备布置情况如图 2-1 所示。

25

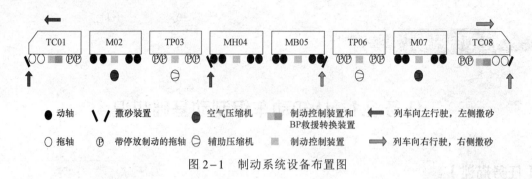

图 2-1　制动系统设备布置图

2）动车组制动系统的工作原理

制动系统采用直通电空制动、电制动和弹簧储能式停放制动三种制动模式。

（1）直通电空制动。

微机控制的直通电空制动系统用于常用制动和紧急制动（含 EB 和 UB）。

微机控制的直通电空制动电子制动控制单元（EBCU）接收和发送制动指令信号，控制施加常用制动和紧急制动 EB 时，主 EBCU（TBM）根据各车压力传感器采集的空簧压力载荷信号和列车速度信号，结合制动指令及减速度曲线要求，计算列车总的制动力。单车 EBCU 通过 MVB 网络在接收到分配的制动力指令后，将电制动力设定值通过 MVB 网络发送给本车 TCU（电制动可用），空气制动力设定值转化为预控压力。EBCU 通过控制模拟转换阀（BAV 和 BRV）调节预控压力（Cv），预控压力经中继阀（RV）后生成制动缸压力（C），实施摩擦制动。

施加紧急制动 UB 时，紧急制动 UB 安全环路断开（故障导向安全原则），单车紧急制动电磁阀（EBV）失电，总风压力（R）经过称重限压阀（DBV），由其根据车重情况生成最大紧急制动预控压力（Cv），预控压力（Cv）经紧急制动电磁阀，通过中继阀（RV）后生成制动缸压力（C），实施摩擦制动。

动车在速度高于 250 km/h 时施加低阶制动压力，在速度低于 250 km/h 时施加高阶制动压力。拖车在速度高于 300 km/h 时施加低阶制动压力，在速度低于 300 km/h 时施加高阶制动压力。

（2）电制动。

动车组配置有一套电制动系统。该系统用于常用制动和紧急制动 EB。

电制动力由 M02、MH04、MB05 和 M07 车的牵引系统提供，并由 BCU 进行连续控制。制动能量将返回至接触网上。

在分相区内，接触网无电，车辆的主断路器断开，牵引和车载电源不能从接触线供电，所以在分相区内不能对列车进行再生制动，只能使用空气制动。若电制动受限或不足，将使用电空制动，以便达到所需的制动效果。在实施常用制动和紧急制动 EB 时，优先使用电制动。当电制动系统故障或电制动力达到极限时，电空制动将补充电制动的不足。低速时，该混合制动模式可使空气制动平稳取代电制动。

在司机的 HMI 屏的"制动界面"上，显示电制动的状态。

（3）停放制动。

动车组设弹簧储能式停放制动装置，停放制动通过弹簧力实施，不需要压缩空气。缓解停放制动时，需采用压缩空气来抵消机械弹簧力。全列共设 12 个停放制动缸，满足定员载荷动车组在 20‰坡道上安全停放的要求，并具有 1.2 倍的冗余。

在拖车转向架的两侧，设有停放制动手动紧急缓解拉手。在设有停放制动装置的车内、车下均设有停放制动隔离塞门，通过停放制动隔离塞门（车上 B35 或车下 B37）和停放制动手动紧急缓解拉手可切除或在紧急情况下缓解停放制动。

每辆车的停放制动状态可以通过压力传感器和压力开关检测，再由 MVB 和 WTB 报告给司机。在列车运行时，如果检测到施加了停放制动，EBCU 发出控制信号，使停放制动监控回路断电，自动触发紧急制动 B 环路断电，列车实施紧急制动 EB，列车停止后，才能缓解紧急制动 EB，以此防止制动盘损坏。

在车辆外部两侧的停放制动缓解显示器上，显示停放制动的状态（施加为红色，缓解为绿色）；在司机 HMI 屏的"制动界面"上，显示全部停放制动状态（施加、缓解、隔离）。

（4）紧急制动。

在 TC01 和 TC08 车的观光区设置有乘客紧急制动拉手，在 MB05 车机械师室和乘务员室设置有乘客紧急制动拉手，在所有车客室两端设置有乘客紧急制动拉手。列车上所有的乘客紧急制动拉手通过乘客紧急制动环路连接。如果拉下乘客紧急制动拉手，乘客紧急制动安全环路断开，串联在列车紧急制动 EB 回路中的继电器辅助触点断开，列车施加紧急制动 EB，同时在司机室中产生一个声光报警信号，并可显示具体车辆位置，司机可按下"乘客报警旁路"按钮旁路乘客报警信号，旁路后紧急制动 EB 缓解。拉下乘客紧急制动拉手后，客室下方的"对讲"灯会亮起，乘客可和司机进行通话。用四角钥匙顺时针旋转紧急制动拉盒的控制轴，可以使紧急制动拉盒手柄恢复到其起始位置。

【活　动】

活动 2.1.1　准备工作

1. 安全准备

按规定穿戴个人防护用品。

2. 工具、材料准备

包括手套、工作帽、手电筒、对讲机、安全号志。

3. 技术准备

（1）可用于实训演练的 CR400BF 型动车组设备一组。

（2）标定时间：20 min。

活动 2.1.2　基础制动装置检查作业程序与要求

基础制动装置检查作业程序与要求如表 2–1 所示。

表 2–1　基础制动装置检查作业程序与要求

作业步骤及质量标准	图示
1. 检查制动夹钳及制动盘	
（1）闸片托外观状态良好，安装牢固，锁定弹簧无变形，六角头施封锁锁固到位。 （2）闸片厚度不超限，闸片不反装。 （3）闸片托防翻转机构安装牢固，无变形、折断。 （4）制动夹钳装置配件齐全、无松动，悬吊部件无裂纹，安装螺栓紧固、无松动，防松标记无错位。 （5）制动盘安装螺栓牢固、无丢失，防松标记无错位。 （6）制动盘摩擦环厚度、表面刮痕、凹陷磨损、倾斜磨损符合限度规定，表面裂纹及深度不超限，两摩擦环厚度差符合限度规定。 （7）夹钳装置无异物，清除制动盘散热筋内杂物。 （8）冬季动车组入库除冰后，需检查夹钳单元活动部位的润滑脂，如缺少润滑脂须重新注入。 **注意：**入冬前，CR400BF 型动车组制动夹钳须进行一次注油。	
2. 检查普通制动缸	
（1）制动风缸及连接装置外观良好，无明显机械损伤，零部件齐全、不松动，橡胶防尘罩无破损。 （2）制动风缸及连接装置各螺栓安装牢固，防松标记无错位。	
3. 检查停放制动缸（头车 3、4 轴；中间拖车所有拖轴）	
（1）停放制动装置各部件无机械损伤，安装良好。 （2）各螺栓安装牢固，防松标记无错位。 （3）停放制动缓解手柄外观状态良好，闸线无损伤，固定良好。	
4. 检查制动梁	
（1）制动梁无弯曲变形和腐蚀。 （2）制动缸安装座无腐蚀，组装螺栓无异常。	
5. 检查制动管路	
制动管路系统无泄漏。	

活动 2.1.3　思考练习

1. 动车组基础制动装置主要由哪些部件组成？
2. 动车组制动装置检查作业包含哪些作业步骤？

【考核评价】

1. 综合评价表（见表 2-2）

表 2-2　综合评价表

序号	考核项目	总分	评分标准	自评分	互评分	教师评分	综合评分
1	时间	20	（1）每超过标定时间 30 s，扣 1 分；超过标定时间 1 min，停止作业，时间项不得分。 （2）压缩时间不加分，成绩相同的按时间排序。				
2	作业过程	20	（1）不按顺序作业，扣 5 分。 （2）漏项检查，扣 5 分。 （3）疑似缺陷处置不当，扣 5 分。 （4）摔掷工具和配件，每次扣 5 分。				
3	作业质量	50	（1）未能找到制动夹钳、制动盘、制动缸、制动梁、制动管路的位置，每项扣 5 分，最多扣 10 分。 （2）对各部件正常工作状态认知有错误，扣 10 分。 （3）闸片厚度的测量不正确，扣 10 分。 （4）制动盘摩擦环厚度不正确，扣 10 分。 （5）制动管路是否泄漏的测试方法不正确，扣 10 分。				
4	安全及其他	10	（1）未插设或未撤除安全号志，扣 10 分；错设扣 5 分。 （2）作业中违章使用工具，每次扣 1 分；作业完毕后遗漏工具，每件扣 2 分。 （3）作业中碰破出血，扣 5 分；作业过程中受伤不能工作者，全项失格。 （4）未按规定穿戴个人防护用品，扣 2 分。				

2. 教师评价建议

_____

_____

_____

_____

_____

_____

_____

任务 2.2　动车组制动系统设备布置

【任务描述】

当 CR400BF 型动车组运行 6 000 km 或运用 48 h 时，检修人员需依据作业指导书的规范标准，进行制动系统的检查作业。通过实训教学，学生需完成以下任务：

① 对制动系统部件的检查，判断其工作状态是否正常。

② 填写记录单。

在整个作业过程中，应遵循现场工作管理规范。

【学习目标】

知识目标	掌握动车组制动系统的布置
能力目标	掌握动车组制动系统设备的位置
素质目标	培养学生用理论知识分析实际问题的能力

【导　入】

1. 司机室中的制动设备

1）司控器主控手柄

制动、牵引共用一个手柄，以"0"为分界，向前推为牵引扇区，向后拉为制动扇区，制动级位定义如下：

0——缓解位；

1，2，3，4，5，6，7——常用制动；

7——最大常用制动位；

EB——紧急制动 EB 位。

2）司机 HMI 屏

司机 HMI 屏可提供以下界面显示制动信息：制动界面、制动试验、制动信息、空转滑行、警惕装置、帮助信息、设备管理相关控制和监控信息。

3）紧急制动按钮

紧急制动按钮通过电气触点断开紧急制动 UB 安全环路，列车施加紧急制动 UB。

4）双针压力表

双针压力表显示总风管（MRP，红色指针）和本车制动缸（BP，黄色指针）的压力。

5）列车管压力表

列车管压力表显示列车管（BP 压力）的压力。

6）停放制动施加按钮

停放制动施加按钮为自复位带黄灯按钮开关，带保护罩。按下该按钮施加停放制动，停放制动施加后黄灯点亮。

7）停放制动缓解按钮

停放制动缓解按钮为自复位带白灯按钮开关，带保护罩。按下该按钮缓解停放制动，停放制动缓解后白灯点亮。

8）清洁制动施加按钮

清洁制动施加按钮为白色自复位按钮，按下该按钮保持有效，施加清洁制动；抬起该按钮复位，停止施加清洁制动。

9）保持制动缓解按钮

保持制动缓解按钮为自复位带绿灯按钮开关。按压"保持起制动"按钮开关，保持制动缓解。

10）比例制动施加按钮

比例制动施加按钮为自复位带黄灯按钮开关。按"保持起制动"按钮开关，保持制动缓解。

11）撒砂开关

撒砂开关为黑色球型拨键开关，可拨至"前"位置（运行的方向）或"后"位置，开始进行整车前进方向撒砂。

12）紧急复位按钮

按下该按钮，紧急制动（EB 和 UB 安全环路）复位。

13）故障面板

① 可通过开关 43–S22 旁路乘客紧急制动环路。

② 可通过开关 43–S24 旁路停放制动监测环路。

③ 可通过开关 43–S28 隔离警惕装置（ASD）。

④ 可通过开关 43–S31 旁路紧急制动 EB 环路。

⑤ 可通过开关 43–S21 旁路紧急制动 UB 环路。

⑥ 可通过开关 43–S25 旁路转向架监控环路。

⑦ 可通过将 ATP 开关置于"关"位隔离 ATP。

2. 客室中的制动设备

在 TC01 和 TC08 车的观光区设置有乘客紧急制动拉手，在所有车客室两端设置有乘客紧急制动拉手，如图 2-2 所示。

车辆	TC01	M02	TP03	MH04	MB05	TP06	M07	TC08
数量	3	2	2	2	4	2	2	3

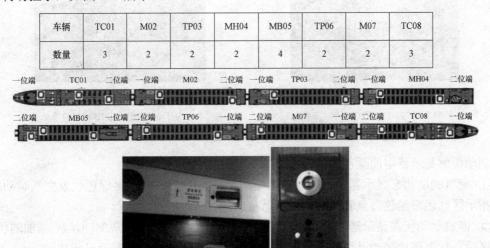

图 2-2　观光区和客室乘客紧急制动拉手

31

在 MB05 车机械师室和乘务员室设置的乘客紧急制动拉手，如图 2-3 所示。

（a）机械师室乘客紧急制动拉手　　　　　（b）乘务员室乘客紧急制动拉手

图 2-3　机械师室和乘务员室的乘客紧急制动拉手

动车组各车 BCU 均与该车客室电气柜中的车辆控制面板相连。BCU 服务接口位于车辆控制面板上，开展维护工作时将使用该接口。单车空气制动隔离开关和单针压力表均位于车辆控制面板上。

3. 外部制动缓解显示器

在车辆外部两侧布置的制动缓解显示器如图 2-4、图 2-5 所示。

图 2-4　双窗制动缓解显示器　　　　图 2-5　单窗制动缓解显示器

（位于 TC01\TP03\TP06\TC08 车，左侧是制动缸　　（位于 M02\MH04\MB05\M07 车，
制动/缓解显示，右侧是停放缸制动/缓解显示）　　　制动缸制动/缓解显示）

制动缓解显示器中的颜色含义如下：

① 空气制动状态显示器显示空气制动缓解/施加的状态。指示区绿色代表空气制动已缓解；指示区红色带黑色圆点表示空气制动已施加。

② 停放制动状态显示器位于 TC01/TP03/TP06/TC08 车，显示停放制动缓解/施加的状态。指示区绿色代表停放制动已缓解；指示区红色带黑色横线代表停放制动已施加。

【活 动】

活动 2.2.1　准备工作

1. 安全准备

按规定穿戴个人防护用品。

2. 工具材料准备

包括手套、工作帽、手电筒、对讲机、安全号志。

3. 技术准备

（1）可用于实训演练的 CR400BF 型动车组设备一组。

（2）标定时间：5 min。

活动 2.2.2　驾驶设备检查作业程序与要求

驾驶设备检查作业程序与要求如表 2-3 所示。

表 2-3　驾驶设备检查作业程序与要求

作业步骤及质量标准	图示
（1）检查司机室设备，应无损伤、安装无松动、状态良好正常。 （2）检查电压表、压力表，应外观及安装状态良好。 （3）检查室内照明灯、仪表灯，应状态良好、无损坏。 （4）检查各柜门，应开启及锁闭作用良好。 （5）检查遮阳帘，应无损伤、作用良好。	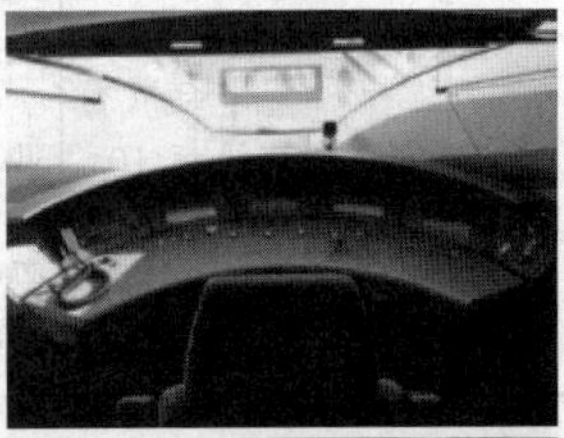 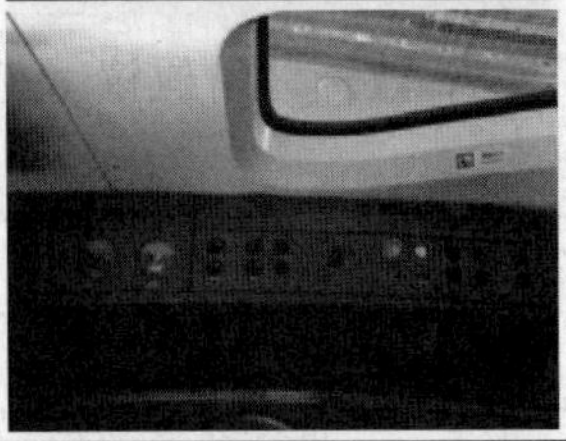

活动 2.2.3　思考练习

1. 动车组司机室中包含哪些制动设备？

2. 动车组驾驶设备检查作业包含哪些作业步骤？

【考核评价】

1. 综合评价表（见表 2-4）

表 2-4　综合评价表

序号	考核项目	总分	评分标准	自评分	互评分	教师评分	综合评分
1	时间	20	（1）每超出标定时间 30 s 扣 1 分；超过标定时间 1 min，停止作业，时间项不得分。 （2）压缩时间不加分，成绩相同的按时间排序。				
2	作业过程	20	（1）不按顺序作业，扣 5 分。 （2）漏项检查，扣 5 分。 （3）疑似缺陷处置不当，扣 5 分。 （4）摔掷工具和配件，每次扣 5 分。				
3	作业质量	50	（1）未能找到司控器主控手柄、司机 HMI 屏、双针压力表、列车管压力表、各制动按钮及故障面板的位置，每项扣 5 分，最多扣 20 分。 （2）对各部件正常工作状态认知，错误扣 10 分。 （3）按钮状态的测试不正确，扣 10 分。 （4）司控器主控手柄位置的测试不正确，扣 10 分。				
4	安全及其他	10	（1）未插设或未撤除安全号志，扣 10 分；错设扣 5 分。 （2）作业中违章使用工具，每次扣 1 分；作业完毕后遗漏工具，每件扣 2 分。 （3）作业中碰破出血，扣 5 分；作业过程中受伤不能工作者，全项失格。 （4）未按规定穿戴个人防护用品，扣 2 分。				

2. 教师评价建议

任务 2.3　维护与保养供风系统

【任务描述】

当 CR400BF 型动车组分别运行 10 万 km 或运用 90 d、运行 40 万 km 或运用 360 d 时，检修人员需依据作业指导书的规范标准，进行主供风单元检查和辅助供风单元的维护与保养作业。通过实训教学，学生需完成以下任务：

① 对主供风单元和辅助供风单元的维护与保养作业，判断其工作状态是否正常。

② 填写记录单。

在整个作业过程中，应遵循现场工作管理规范。

【学习目标】

知识目标	1. 熟悉主供风单元的组成及工作原理； 2. 熟悉辅助供风单元的组成及工作原理
能力目标	1. 能够按照作业标准对主供风单元进行维护和保养作业； 2. 能够按照作业标准对辅助供风单元进行维护和保养作业
素质目标	1. 能够熟练掌握工具的使用； 2. 熟悉动车组机械师岗位职责，能够完成主供风单元和辅助供风单元的维护与保养作业

【导　　入】

1. CR400BF 型动车组主供风单元

CR400BF 型动车组主供风单元采用螺杆式空压机+双塔干燥器，排量 1 300 L/min，其作用是为列车制动及其他用风设备提供压缩空气。主供风单元主要由如下部件组成：

① 螺杆式空气压缩机组（电机、压缩机、冷却器、空滤器、油过滤器等）；

② 空气净化处理单元（双塔干燥器、微油过滤器）；

③ 管路组件（单向阀、安全阀、压力控制器等）；

④ 电控单元；

⑤ 托架。

2. CR400BF 型动车组辅助供风单元

CR400BF 型动车组辅助供风单元采用无油活塞式空压机和单塔干燥器，其作用是在总风欠压时为升弓提供压缩空气。

辅助供风单元由五大主要部件构成，即整体吊架、空压机组、干燥器总成、反吹风缸和管路组件。辅助供风单元通过整体吊架上的四个吊挂点，拖装/吊装于车体下方，整个结构采用模块化设计，辅助供风单元中所有零部件均已通过螺栓连接组成一个整体模块，可以方便地进行拆装及维护。

【活 动】

活动 2.3.1 准备工作

1. 安全准备

按规定穿戴个人防护用品。

2. 工具、材料准备

包括手电筒、四角钥匙、定扭矩电扳手（95 N·m）、毛刷等。

3. 技术准备

（1）可用于实训演练的 CR400BF 型动车组设备一组。

（2）标定时间：80 min。

活动 2.3.2 主供风单元和辅助供风单元检查及主供风单元空压机冷却器清洁作业程序与要求

主供风单元检查如表 2-5 所示，辅助供风单元检查如表 2-6 所示，主供风单元空压机冷却器如表 2-7 所示。

表 2-5 主供风单元检查

作业步骤及质量标准	图示
1. 工前准备	
（1）3 名作业者按规定穿戴个人防护用品。 （2）领取无电作业牌、主控钥匙，检查并确认接触网和动车组处于断电状态，确认停放制动已施加；确认作业计划单中的作业车组号及股道。 （3）按照工装工具和材料清单清点工装工具和材料。	
2. 检查	
（1）打开裙板，检查主供风单元各部件，应： ① 外观无变形、裂痕或严重腐蚀等缺陷，无机械损坏。 ② 压缩空气管路、紧固件、气路接口和电气接口连接无松动、无缺失，电气连接器无过热变色。 ③ 吊装紧固件无松动、无缺失。 ④ 润滑油无泄漏。 （2）确认打开的裙板恢复良好。	 1—空气压缩机组；2—摆架； 3—滑油过滤器；4—干振器
3. 填写记录	
（1）在作业结束后，认真填写作业记录单。 （2）对作业中出现的问题要做好记录，及时反映情况。 **注意**：作业记录不得涂改、乱画，保持作业记录单据整洁，要做到一车一档、统一保管。	

续表

作业步骤及质量标准	图示

4. 工具保养和完工清洁

共同完成：
（1）对所使用的工具进行擦拭保养。
（2）按定置管理要求，做到完工料清、场地清洁。

表 2-6　辅助供风单元检查

作业步骤及质量标准	图示

1. 工前准备

（1）2 名作业者按规定穿戴好个人防护用品。
（2）领取无电作业牌、主控钥匙，检查并确认接触网和动车组处于断电状态，确认停放制动已施加；确认作业计划单中的作业车组号及股道。
（3）按照工装工具和材料清单清点工装工具和材料。

2. 检查

（1）打开辅助供风单元处裙板，检查以下各部：
① 压缩空气管路、紧固件、气路接口和电气接口连接无松动或缺失，电缆无损伤。
② 空压机安装减振垫无老化、裂纹和明显扭曲等现象；冷却器表面如有污物需清洁。
③ 吊装紧固件无松动、缺失。
④ 辅助供风单元各部件，应无变形、裂痕或严重腐蚀等缺陷，无机械损坏。
（2）关闭打开的裙板，确认恢复良好。

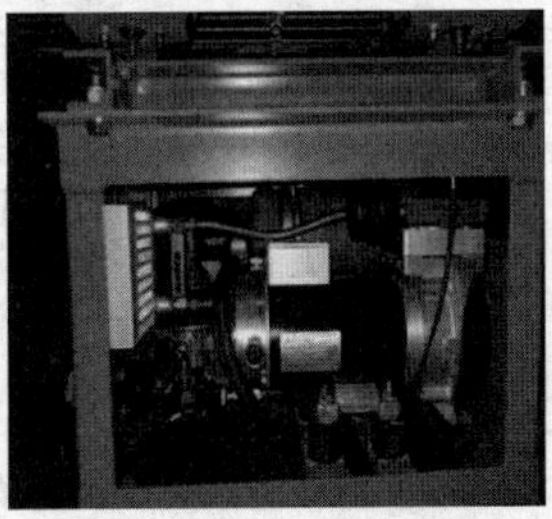

3. 填写记录

（1）在作业结束后，认真填写作业记录单。
（2）对作业中出现的问题要做好记录，及时反映情况。
注意：作业记录不得涂改、乱画，保持作业记录单据整洁，要做到一车一档、统一保管。

4. 工具保养和完工清洁

共同完成：
（1）对所使用的工具进行擦拭保养。
（2）按定置管理要求，做到完工料清、场地清洁。

表 2–7　主供风单元空压机冷却器清洁

作业步骤及质量标准	图示
1. 工前准备 （1）3 名作业者按规定穿戴好个人防护用品。 （2）确认作业计划单中的作业车组号及股道。 （3）按照工装工具和材料清单清点工装工具和材料。	
2. 清洁冷却器 （1）确认动车组断电，主供风单元停机 30 min 以上。 （2）打开主供风单元安装位置的裙板。 （3）拆下供风设备上的冷却器护盖，确保能接触到冷却器。 （4）清洁冷却器叶片及内部，用压缩空气从冷却器进风口吹扫。当脏污严重时，可以使用刷子（不可使用钢毛刷）对冷却器出风口所在平面进行清洁。 **注意**：尽量不要破坏冷却器周边的密封海绵条。 （5）重新安装上主供风单元的排气漏斗。 （6）确认裙板恢复良好。	
3. 完工检查 （1）清理作业现场周边及工具、材料。 （2）确认工装工具齐全并将工具和材料存放在指定位置，作业现场地面无杂物。	
4. 填写记录 （1）在作业结束后，认真填写作业记录单。 （2）对作业中出现的问题要做好记录，及时反映情况。 **注意**：作业记录不得涂改、乱画，保持作业记录单据整洁，要做到一车一档、统一保管。	

活动 2.3.3　思考练习

1. 动车组主供风单元空压机冷却器清洁作业包含哪些作业步骤？
2. 主供风单元主要由哪些部件组成？
3. 辅助供风单元主要由哪些部件组成？

【考核评价】

1. 综合评价表（见表 2-8）

表 2-8　综合评价表

序号	考核项目	总分	评分标准	自评分	互评分	教师评分	综合评分
1	时间	20	（1）每超过标定时间 30 s，扣 1 分；超过标定时间 1 min，停止作业，时间项不得分。 （2）压缩时间不加分，成绩相同的按时间排序。				
2	作业过程	20	（1）不按顺序作业，扣 5 分。 （2）工具使用不当，扣 2 分，损坏、摔掷工具和配件，每次扣 5 分。 （3）工具、配件未收回，每一件扣 1 分。				
3	作业质量	50	（1）未确认动车组断电，主供风单元停机 30 min 以上，扣 10 分。 （2）分部件检查操作不正确，扣 10 分。 （3）破坏冷却器周边的密封海绵条，扣 5 分。				
4	安全及其他	10	（1）未插设或撤除安全号志，扣 10 分，错设扣 5 分；中间脱落或未展开，各扣 5 分。 （2）作业中违章使用工具，每次扣 1 分；作业完毕后遗漏工具，每件扣 2 分。 （3）作业中碰破出血，扣 5 分；作业过程中受伤不能工作者，全项失格。 （4）未按规定穿戴个人防护用品，扣 2 分。				

2. 教师评价建议

_____

_____

_____

_____

_____

_____

_____

_____

_____

任务 2.4　维护与保养制动装置

【任务描述】

当 CR400BF 型动车组分别运行 10 万 km 或运用 90 d、80 万 km 或运用 720 d 时，检修人员需依据作业指导书的规范标准，进行主供风单元检查和辅助供风单元的维护与保养作业。通过实训教学，学生需完成以下任务：

① 对主供风单元和辅助供风单元的维护与保养作业，判断其工作状态是否正常。

② 填写记录单。

在整个作业过程中，应遵循现场工作管理规范。

【学习目标】

知识目标	1. 能够掌握制动装置的组成； 2. 熟悉制动装置的作用原理
能力目标	1. 能够按照作业标准要求完成制动装置的维护与保养； 2. 能够正确使用制动装置检修工具
素质目标	1. 能够熟练掌握工具的使用； 2. 熟悉动车组机械师岗位职责，能够完成制动装置的维护与保养作业

【导　入】

1. 制动控制装置

制动控制装置主要是由制动控制箱、制动控制模块（B12）、供风及空簧控制模块（B13）、压力开关模块（B14）以及电子机械、电子机箱等组成。

制动控制单元由电子制动控制单元（EBCU）和气动制动控制单元（PBCU）组成。

2. 制动盘

制动盘分轴装制动盘和轮装制动盘两种。

【活　动】

活动 2.4.1　准备工作

1. 安全准备

按规定穿戴个人防护用品。

2. 工具、材料准备

包括手电筒、四角钥匙、基本工具、轮套筒、钢板尺、定扭矩电扳手、塞缝尺、刀口尺、打磨机、划痕深度检测工具、无纺布等。

3. 技术准备

（1）可用于实训演练的 CR400BF 型动车组设备一组。

（2）标定时间：60 min。

活动 2.4.2　制动装置检查作业程序与要求

制动装置包括制动控制装置、制动盘、其他制动部件及阀板，其检查作业程序及要求如表 2-9、表 2-10、表 2-11 所示。

表 2-9　制动控制装置检查

作业步骤及质量标准	图示
1. 工前准备 （1）3 名作业者按规定穿戴好个人防护用品。 （2）领取无电作业牌、主控钥匙，检查并确认接触网和动车组处于断电状态，确认停放制动已施加；确认作业计划单中的作业车组号及股道。 （3）按照工装工具和材料清单清点工装工具和材料。	
2. 检查 （1）打开制动控制装置相应位置的裙板，对制动控制装置整体外观进行检查。要求： ① 制动控制装置吊装螺栓无松动或缺失； ② 制动控制装置及吊架外观无机械损伤、变形、腐蚀或明显的脏污； ③ 接地螺栓无松动或缺失。 （2）打开制动控制装置箱门，对制动控制装置内的元件进行检查，要求： ① 翻盖无损伤，转动销、安全绳、密封带和由翻盖至箱体的接地线路位置正确； ② 箱体内紧固元件无松动或缺失； ③ 制动控制装置内部无明显的脏污或灰尘，各部件无损坏、无变形、无腐蚀； ④ 制动控制装置内部连接器连接无松动，电线无破损； ⑤ 阀类、塞门、气压开关、传感器、测试接口等外观及安装状态良好，无漏气声音。 （3）锁闭制动控制装置箱门，确认箱门锁全部锁闭；锁闭制动控制装置处裙板，确认裙板锁全部锁闭。	 装用北京制动控制装置的动车组  装用南京制动控制装置的动车组
3. 填写记录 （1）在作业结束后，认真填写作业记录单。 （2）对作业中出现的问题要做好记录，及时反映情况。 **注意**：作业记录不得涂改、乱画，保持作业记录单据整洁，要做到一车一档、统一保管。	
4. 工具保养和完工清洁 共同完成： （1）对所使用的工具进行擦拭保养。 （2）按定置管理要求，做到完工料清、场地清洁。	

表 2-10 其他制动部件及阀板检查

作业步骤及质量标准	图示
1. 工前准备	

（1）4 名作业者按规定穿戴好个人防护用品。
（2）②号：领取无电作业牌、主控钥匙，检查并确认接触网和动车组处于断电状态；确认停放制动已施加；确认作业计划单中的作业车组号及股道。
（3）①号：按照工装工具和材料清单清点工装工具和材料。

2. 检查

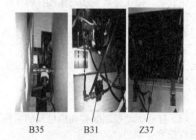

B35　　B31　　Z37

车内安装的截断塞门

1）车内设备检查
检查车内带电塞门（B35、B31）、截断塞门（Z37），要求：
① 部件外观无机械损坏、变形、严重腐蚀或明显的脏污，紧固件无松动（防松标记无错位）或丢失；
② 部件管路接口无松动、漏风，电气连接器无松动，电缆无破损。

2）车下设备舱内安装部件检查
（1）检查总风截断塞门（B31、B33）、门/厕所供风截断塞门（（Z33/1/2/3）、参考速度模块（B21）、防滑阀（G01），要求：
① 部件外观无机械损坏、变形、严重腐蚀或明显的脏污，紧固件无松动（防松标记无错位）或丢失；
② 部件管路接口无松动、漏风；
③ 防滑阀（G01）橡胶防尘垫无破损。

（2）检查节流阀（L10）、活塞阀（B39）和压力开关（B50），要求：
① 部件外观无机械损坏、变形、严重腐蚀或明显的脏污，紧固件无松动（防松标记无错位）或丢失；
② 部件管路接口无松动、漏风；
③ 压力开关（B50）电气连接器连接无松动，电缆无破损。

（3）检查制动阀板，要求：
① 制动阀板吊装螺栓无松动或缺失；
② 止回阀（Z28\Z29）、截断塞门外观无机械损坏、变形、严重腐蚀或明显的脏污，紧固件无松动（防松标记无错位）或丢失；
③ 设备管路接口无松动；
④ 带电触点截断塞门电气连接器无松动，电缆无破损

序号	代号	Tc 01	M0 02	Tp 03	M6 04	M5 05	Tp 06	M 07	Tc 08	数量/列	名称	物料号	型号/代号
1	B35	1	1	1	—	—	1	1	1	4	带电塞门	CNR0000 367972	TKD600 CX01B
2	U31	1							1	2	带电塞门	CNR0000 357683	TKD600 CX01
3	(Z37)	1	1	1	1	1	1	1	1	8	截断塞门	7843	DN10G/2A1RE

车下设备舱安装的部件

序号	代号	Tc01	M02	Tp03	M04	M05	Tp06	M07	Tc08	数量/制	名称	物料	型号/代号
1	(S31)	1	1	1	1	1	1	1	1	8	截断阀门	CNR0000 374524	DN3SG/1 D1RE
2	(S33)	1	1	1	1	1	1	1	1	8	截断塞门	CNR0000 374524	DN3SG/1 D1RE
3	(Z31)	1	1	1	1	1	1	1		7	截断塞门	CNR0000 374523	DN15G A1RE
4	(Z32)	1	1	1	1	1	1	1	1	8	截断塞	358077	DN8G/1A 3RE
5	(Z33/1)	1	1	1	1	1	1	1	1	8	截断塞	CNR0000 374523	DN15G/1 A1RE
6	(Z33/2)	1	1	1	1	1	1	1	1	8	截断塞	CNR0000 374523	DN15G/1 A1RE
7	(Z33/3)	1	1	1	1	1	1	1	1	8	截断塞	374523	DN15G A1RE
8	B21					1	1			2	参考速度模块	CNR0000 373966	TKD600F 3D1
9	Z11	2							2		制动缓解显示器	CNR0000 370739	TKD600I C08
10	Z12		2		2		2				制动缓解显示器	CNR0000 370760	TKD600I C07
11	Z23	1	1	1	1	1	1	1	1	8	滤流阀	CNR0000 370049	0F01-00 -00/670
12	Z24	1	1	1	1	1	1	1	1	8	压力测点	CNR0000 370000	TKQ600T E02
13	(Z25)	1	1	1	1	1	1	1	1		节流阀	12228	R1/2+ 1mm
16	G01	4	4	4	4	4	4	4	3		防滑阀	CNR0000 367932	TKQ600I DN01-00 -00/C

续表

作业步骤及质量标准	图示
3. 填写记录	
（1）在作业结束后，认真填写作业记录单。 （2）对作业中出现的问题要做好记录，及时反映情况。 **注意**：作业记录不得涂改、乱画，保持作业记录单据整洁，要做到一车一档、统一保管。	
4. 工具保养和完工清洁	
共同完成： （1）对所使用的工具进行擦拭保养。 （2）按定置管理要求，做到完工料清、场地清洁。	

表 2-11　制动盘检查

作业步骤及质量标准	图示
1. 工前准备	
（1）作业者按规定穿戴好个人防护用品。 （2）检查并确认接触网和动车组处于无电状态；确认动车组停放制动已施加；确认作业计划单中的作业车组号及股道。 （3）按照工装工具和材料清单清点工装工具和材料。	
2. 了解制动盘裂纹定义	
（1）发纹：摩擦面上存在的手指触摸不明显的散射状细微裂纹。	 发纹示意图
（2）初始裂纹：未从制动盘内径扩展到外径的表面裂纹。该裂纹明显可见且可用手触摸确定，分为 a、b 两种类型。a 裂纹与摩擦片的内径和外径之间最小距离 a 大于 10 mm；b 裂纹接触到摩擦片的内径或外径，或与内、外径之间最小间距 b 小于 10 mm。	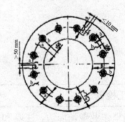 初始裂纹示意图
（3）贯通裂纹：从内径扩展至外径，或扩展至散热筋的裂纹。	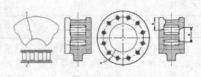 贯通裂纹示意图

作业步骤及质量标准	图示

3. 检查

（1）清除制动盘散热筋内杂物。

（2）制动盘允许存在发纹，不允许存在贯通裂纹。

（3）制动盘初始裂纹应符合如下限度要求：

① 初始裂纹 $a<60$ mm、$b<40$ mm 时可以接受。

② 初始裂纹 60 mm$\leq a\leq 80$ mm、40 mm$\leq b\leq 60$ mm 范围有条件接受，条件如下：

    a）轮盘：与相邻的初始裂纹之间的最小距离≥ 50 mm；

    b）轴盘：与相邻的初始裂纹之间的最小距离≥ 15 mm；

    c）同一制动盘盘体两侧有条件接受的初始裂纹，在盘体轴向投影上的周向距离>200 mm。

③ 初始裂纹 $a>80$ mm、$b>60$ mm 时不可接受。

（4）检查轴装制动盘盘毂、轴盘搭接处，不允许存在裂纹。

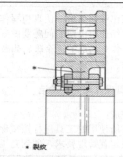

※裂纹

轴盘搭接处裂纹

（5）检查制动盘的摩擦面是否有热斑、材料堆积和剥落。若没有任何穿透裂纹或重大初始裂纹，有热斑的制动盘可继续使用。有重大初始裂纹、热斑的制动盘，可继续使用，但后续应加强检查。

（6）检查制动盘的摩擦面凹面磨损量 H、斜向磨损量 S、划痕及摩擦环两侧厚度差，需满足如下标准：

① 凹陷磨损量 $H\leq 1.2$ mm；

② 倾斜磨损量 $S\leq 1.2$ mm；

③ 划痕≤ 1.2 mm；

④ 两侧摩擦环厚度差≤ 1.5 mm。

对于超过凹陷磨损量、斜向磨损量或划痕允许值的摩擦片，必须进行端面车削。

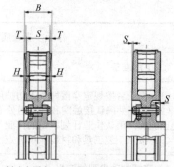

B—制动盘厚度；G—磨损极限；H—磨损量；T—磨损深度；S—斜向磨损量。

轴装制动盘磨损检查

（7）检查制动盘紧固情况，要求：

① 制动盘螺母防松标记无缺失、错位；螺母与螺栓配合无松动；螺栓无断裂和丢失；螺栓状态完好；轴装制动盘盘毂注油孔螺堵防松标记无缺失、错位，油堵无松动。

② 轴装制动盘盘毂必须紧固在轮轴上，不得出现轴向偏移现象。

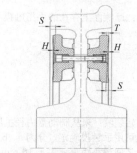

H—磨损量；S—斜向磨损量；T—磨损深度。

轮装制动盘的磨损检查

4. 完工检查

（1）清理作业现场周边、工具和材料。

（2）确认工装工具齐全并将工具和材料存放在指定位置，作业现场无杂物。

5. 填写记录

（1）在作业结束后，认真填写作业记录单。

（2）对作业中出现的问题要做好记录，及时反映情况。

注意：作业记录不得涂改、乱画，保持作业记录单据整洁，要做到一车一档、统一保管。

活动 2.4.3　思考练习

1. 制动控制装置由哪些部件组成？
2. 制动控制装置的检查作业有哪些步骤？
3. 制动盘检查作业有哪些步骤？

【考核评价】

1. 综合评价表（见表 2–12）

表 2–12　综合评价表

序号	考核项目	总分	评分标准	自评分	互评分	教师评分	综合评分
1	时间	20	每超过标定时间 30 s，扣 1 分，超过标定时间 1 min 停止作业，时间项不得分；压缩时间不加分，成绩相同的按时间排序。				
2	作业过程	20	（1）不按顺序作业，扣 5 分。 （2）工具使用不当，扣 2 分，损坏、摔掷工具和配件，每次扣 5 分。 （3）工具、配件未收回，每一件扣 1 分。				
3	作业质量	50	（1）未确认动车组断电，扣 10 分。 （2）分部件检查操作不正确，扣 10 分。 （3）未避免拆卸之后污染物进入，扣 5 分。				
4	安全及其他	10	（1）未插设或撤除安全号志，扣 10 分；错设扣 5 分；中间脱落或未展开，各扣 5 分。 （2）作业中违章使用工具，每次扣 1 分；作业完毕后遗漏工具，每件扣 2 分。 （3）作业中碰破出血，扣 5 分；作业过程中受伤不能工作者，全项失格。 （4）未按规定穿戴个人防护用品，扣 2 分。				

2. 教师评价建议

任务 2.5　处理制动系统常见故障

【任务描述】

CR400BF 型动车组在列车运行中遇到制动系统故障时，随车机械师需要配合司机快速、熟练地完成故障的应急处置。通过实训教学，学生需完成以下任务：

① 故障确认。

② 查看诊断代码。

③ 确认安全环路状态。

④ 切除空气制动。

⑤ 隔离 EBL。

⑥ 故障处置。

在整个作业过程中，应遵守司机和随车机械师应急故障处置作业标准。

【学习目标】

知识目标	1. 掌握动车组制动系统在列车中的配置情况； 2. 熟悉制动系统的作用原理
能力目标	1. 能够按照随车机械师应急故障处置流程要求完成制动系统常见故障的处置； 2. 能够通过 HMI 屏正确操作
素质目标	1. 熟练掌握随车机械师规范用语； 2. 熟悉动车组随车机械师岗位职责，能够配合司机等完成故障处置作业

【导　入】

1. 紧急制动 EB

紧急制动 EB 指令通过两个并联线路从触发点传输到制动控制单元。紧急制动 EB 由各车根据硬线或网络指令独立控制，可减少制动响应时间。

2. 紧急制动 UB

紧急制动 UB 指令通过两个并联线路从触发点传输到制动控制单元。

3. 常用制动

常用制动的设定值由 TBM 通过 MVB 和 WTB 向 LBCU 传输。每辆车上"制动施加/缓解"状态被采集，并通过 WTB 和 MVB 总线反馈给司机。

【活　动】

活动 2.5.1　准备工作

1. 安全准备

按规定穿戴个人防护用品。

2. 工具、材料准备

主要是 HMI 屏。

3. 技术准备

（1）可用于实训演练的 CR400BF 型动车组设备一组。

（2）标定时间：40 min。

活动 2.5.2　动车组制动系统常见故障处理作业程序与要求

扫描二维码，学习动车组紧急制动不缓解

动车组制动系统常见故障处置作业标准如表 2–13～表 2–15 所示。

表 2–13　紧急制动 EB 不缓解故障处置作业标准

作业步骤及质量标准	图示
1. 停车处理	
（1）停车后，司机通过 HMI 屏"安全环路"界面确认 EB 紧急制动环路已断开。 （2）司机将司控器手柄置 B7 位，通知随车机械师，并汇报列车调度员。	
2. 查看诊断代码	
司机确认 HMI 报出的诊断代码根据故障代码做相应处理： ① 若报出诊断代码 50C3，则通知随车机械师将非主控司机室制动手柄归"0"； ② 若报出诊断代码 50C4，则进行"紧急复位"； ③ 若报出诊断代码 50C5，则汇报列车调度员确认，如果行车调度员确认地震预警解除但单车 EB 仍不缓解，随车机械师将地震预警隔离开关置"关"位； ④ 若报出诊断代码 50C7，则按照"停放制动监控环路断开（50C7）"处理； ⑤ 若报出诊断代码 50C8，则按照"乘客紧急制动监控环路断开（50C8）"处理； ⑥ 若紧急制动 EB 缓解，则继续行车，否则执行下一步。	

作业步骤及质量标准	图示

3. 确认安全环路状态

随车机械师通过 HMI 屏"安全环路"界面确认安全环路状态，并做相应处理：
① 若出现单车紧急制动 EB 环路闭合，且单车紧急制动 EB 不缓解现象，则复位故障车 BCU，制动缓解后正常行车。
② 若 BCU 复位后仍不缓解，或出现单车紧急制动 EB 环路断开现象，则执行第4 步。
③ 若出现全列紧急制动 EB 环路断开或全列紧急制动 EB 环路闭合且紧急制动不缓解现象，则执行第5 步。

4. 切除空气制动

将 PIS 柜内车辆控制面板上单车空气制动隔离开关（28-S06）置"关"位，切除本车空气制动，并通过压力表确认缓解，通过 HMI 制动主界面空气制动状态确认空气制动已切除，继续行车。

5. 关闭紧急制动 EB 环路旁路开关

将占用端司机室的紧急制动 EB 环路旁路开关（43–S31）置"关"位。如紧急制动 EB 缓解，则在没有紧急制动 EB 环路功能的情况下继续运行；如紧急制动不缓解，则执行下一步。

6. 隔离 EB/UB 旁路开关

将占用端司机室的 EB/UB 旁路开关置"关"位，如紧急制动 EB 缓解，则继续运行。

7. 请求救援

若上述处理后紧急制动 EB 仍不缓解，则请求救援。

表 2–14 紧急制动 UB 不缓解故障处置作业标准

作业步骤及质量标准	图示

1. 停车处理

（1）停车后，司机通过 HMI 屏"安全环路"界面确认 UB 紧急制动环路已断开。
（2）司机将司控器手柄置 B7 位，通知随车机械师，并汇报列车调度员。

2. 查看诊断代码

司机确认 HMI 报出的诊断代码，根据诊断代码做相应处理：
① 若报出诊断代码 50AC 或 ATP 显示屏提示 ATP 触发紧急制动，则汇报调度员处理。
② 若报出诊断代码 50C6，则司机和随车机械师分别查看主控、非主控司机室紧急制动按钮是否被激活，如激活则复位，复位后司机进行"紧急复位"操作。
③ 若报出诊断代码 5221 或 EBL 已经隔离，则按照紧急制动 EB 不缓解处理；
④ 若紧急制动 UB 缓解，则继续行车，否则执行下一步。

3. 确认安全环路状态

随车机械师通过 HMI 屏"安全环路"界面确认安全环路状态，并做相应处理：
① 若出现单车紧急制动 UB 环路闭合，且单车紧急制动 UB 不缓解现象，则复位故障车 BCU，制动缓解后正常行车。
② 若 BCU 复位后仍不缓解，或出现单车紧急制动 UB 环路断开现象，则执行第 4 步。
③ 若出现全列紧急制动 UB 环路断开，或全列紧急制动 UB 环路闭合且紧急制动不缓解现象，则执行第 5 步。

4. 切除空气制动

将 PIS 柜内车辆控制面板上单车空气制动隔离开关（28-S06）置"关"位，切除本车空气制动，并通过压力表确认缓解，通过 HMI 制动主界面空气制动状态确认空气制动已切除，继续行车。

作业步骤及质量标准	图示
5. 故障处置	
将占用端司机室的紧急制动 UB 环路旁路开关（43-S21）置"关"位。如果紧急制动 UB 缓解，则在没有紧急制动 UB 环路功能的情况下继续运行。	
6. 故障处置	
如果紧急制动 UB 仍无法缓解，则请求救援。	

表 2-15　常用制动不缓解故障处置作业标准

作业步骤及质量标准	图示
1. 确认不缓解车辆	
（1）如单车出现常用制动不缓解现象，则执行第 2 步。 （2）如全列出现常用制动不缓解现象，则执行 3～4 步。	
2. 切除空气制动	
将 PIS 柜内车辆控制面板上单车空气制动隔离开关（28-S06）置"关"位，切除本车空气制动，并通过压力表确认缓解，通过 HMI 制动主界面空气制动状态确认空气制动已切除，继续行车。	
3. 缓解制动	
将制动手柄推至 0 位，保持 5 s 以上。如不缓解则执行下一步。	
4. 隔离 ATP	
（1）将 ATP 隔离开关置"隔离"位。 （2）如常用制动缓解，则汇报调度员"ATP 触发常用制动不能缓解"；如常用制动不缓解，则请求救援。	

活动 2.5.3　思考练习

1. 动车组紧急制动 EB 不缓解故障处置作业包含哪些作业步骤？
2. 动车组紧急制动 UB 不缓解故障处置作业包含哪些作业步骤？
3. 试说明紧急制动 EB、UB 的工作原理。

【考核评价】

1. 综合评价表（见表 2-16）

表 2-16　综合评价表

序号	考核项目	总分	评分标准	自评分	互评分	教师评分	综合评分
1	时间	20	（1）每超过标定时间 30 s，扣 1 分；超过标定时间 1 min，停止作业，时间项不得分。 （2）压缩时间不加分，成绩相同的按时间排序。				
2	作业过程	20	（1）不按顺序作业，扣 5 分。 （2）使用制动手柄不当，扣 2 分；未确认有电和无电状态，每次扣 5 分。				
3	作业质量	50	（1）未顺序操作，扣 10 分。 （2）分部件检查操作不正确，扣 10 分。 （3）未进行功能测试，扣 10 分。				
4	安全及其他	10	（1）未配合人员到尾端司机室 HMI 按动紧急制动按钮，扣 10 分。 （2）作业中违章使用工具，每次扣 1 分；作业完毕后遗漏工具，每件扣 2 分。 （3）作业中碰破出血，扣 5 分；作业过程中受伤不能工作者，全项失格。 （4）未按规定穿戴个人防护用品，扣 2 分。				

2. 教师评价建议

_____

_____

_____

_____

_____

_____

_____

任务 2.6　进行动车组制动试验

【任务描述】

CR400BF 型动车组制动试验包括：全自动制动测试（ABT），适用于整备模式；菜单引导制动试验（MBT），适用于上次试验结果超过 24 h（动车组在当日运营前，在两端司机室均需成功完成完整的菜单引导制动试验）；短制动试验（SBT），适用于为了恢复制动可用的基本试验；手动的制动试验（HBT），适用于无动力回送等情况下；主制动手柄紧急位确认试验。通过实训教学，学生需完成以下任务：

① 直通制动试验；

② 紧急制动 EB 试验；

③ 紧急制动 UB 试验；

④ 防滑试验；

⑤ 总风管（MRP）贯通性试验。

在整个作业过程中，应遵循司机操作作业标准。

【学习目标】

知识目标	1. 掌握动车组制动系统的工作原理； 2. 熟悉动车组制动试验
能力目标	1. 能够按照司机操作作业标准进行相关制动系统试验； 2. 能够通过司机显示屏（HMI）"制动试验"页面实施制动试验
素质目标	1. 熟练掌握制动试验； 2. 熟悉司机显示屏（HMI）

【导　入】

1. 菜单引导制动试验

菜单引导制动试验是通过司机显示屏（HMI）的"制动试验"页面实施的制动试验，设有人机配合试验程序。菜单引导制动试验包括下列程序：

① 直通制动试验：检查直通电空制动的施加、缓解状态。

② 紧急制动 EB 试验、EB 转 UB 试验：检查紧急制动 EB 的施加和缓解状态，以及 EB 转 UB 试验功能。

③ 紧急制动 UB 试验：检查紧急制动功能。

④ 防滑系统试验：检查防滑系统功能。

⑤ 总风管贯通性试验：检查总风管路的连续性。

2. HMI 中的制动试验操作

① 按"制动试验"键进入菜单引导的"制动试验"页面。

② 在"制动试验"页面，通过"直通制动试验""紧急制动 EB 试验、EB 转 UB 试验""紧急制动 UB 试验""防滑系统试验""总风管贯通性试验"可分别进入相应的试验界面。

③ 在各试验界面中，通过"开始试验"可开始单项制动试验，通过"停止试验"可结束单项制动试验，通过"试验结果查询"可查询试验结果，通过"返回"可回到"制动试验"页面。

【活　　动】

活动 2.6.1　准备工作

1. 安全准备

按规定穿戴个人防护用品。

2. 工具、材料准备

包括工具包、钥匙等。

3. 技术准备

（1）可用于实训演练的 CR400BF 型动车组设备一组。

（2）标定时间：40 min。

活动 2.6.2　动车组制动试验作业程序与要求

 扫描二维码，学习动车组制动试验

动车组制动试验作业程序与要求如表 2–17～表 2–21 所示。

表 2–17　直通制动试验作业程序与要求

作业步骤及质量标准	图示
（1）按"制动试验"页面中的"直通制动试验"软键。	
（2）根据系统提示"请按开始键开始直接制动试验"，操作"开始试验"软键。	
（3）根据系统提示"请在 5 s 内施加最大常用制动"，操作司控器主手柄（=22-S01）至最大常用制动位，系统提示"正在判断是否所有制动施加，请保持施加"。	
（4）根据系统提示"请在 5 s 内缓解最大常用制动"，操作司控器主手柄（=22-S01）至缓解位。	
（5）系统提示"正在判断是否所有制动缓解，请保持缓解"。若接下来提示"直通制动试验成功"，可进行其他试验；若提示"直通制动试验失败"，可重新试验或进行其他试验。	
（6）试验完成后，操作"停止试验"软键返回试验界面。	

表 2–18　紧急制动 EB 试验、EB 转 UB 试验作业程序与要求

作业步骤及质量标准	图示
（1）按"制动试验"页面中的"紧急制动 EB 试验，EB 转 UB 试验"软键。	
（2）根据系统提示"制动试验；紧急制动 EB 试验"，操作"开始试验"软键开始紧急制动 EB 试验。	
（3）根据系统提示"5 s 内移动手柄至 EB 位"，操作司控器主手柄（=22–S01）至 EB 位。	
（4）系统提示"EB 试验结束，开始进行 EB 转 UB 试验，保持 EB 位"，接下来若系统提示"EB 转 UB 试验成功"，缓解 EB 后可进行其他试验；若系统提示"EB 转 UB 试验失败"，缓解 EB 后可重新试验或进行其他试验。	
（5）试验完成后，操作"停止试验"软键返回试验界面。	

表 2–19　紧急制动 UB 试验作业程序与要求

作业步骤及质量标准	图示
（1）按"制动试验"页面中的"紧急制动 UB 试验"软键。	
（2）根据系统提示"请按开始键开始紧急制动试验"，操作"开始试验"软键开始紧急制动 UB 试验。	
（3）根据系统提示"请司机在 10 s 内断开 UB 环路"，操作红色紧急制动阀（=28–S01）蘑菇头至 UB 位。	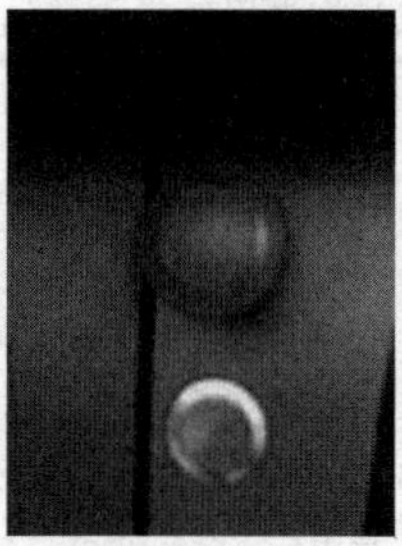
（4）若接下来系统提示"紧急制动 UB 试验成功"，缓解 UB 后可进行其他试验；若系统提示"紧急制动 UB 试验失败"，缓解 UB 后可重新试验或进行其他试验。	
（5）试验完成后，操作"停止试验"软键返回试验界面。	

表 2–20　防滑试验作业程序与要求

作业步骤及质量标准	图示
（1）按"制动试验"页面中的"防滑系统试验"软键。	
（2）根据系统提示"请按开始键开始防滑试验"，操作"开始试验"软键开始防滑试验，系统提示"正在进行防滑系统试验"。	
（3）若接下来系统提示"防滑系统试验成功"，接下来可进行其他试验；若系统提示"防滑系统试验失败"，可重新试验或进行其他试验。	
（4）试验完成后，操作"停止试验"软键返回试验界面。	

表 2–21　总风管（MRP）贯通性试验作业程序与要求

作业步骤及质量标准	图示
（1）按"制动试验"页面中的"总风管贯通性试验"软键。	
（2）根据系统提示"制动试验；总风管贯通性试验"，操作"开始试验"软键开始总风管贯通性试验。	
（3）根据系统提示"将 MR 压力降至 900 kPa 以下"，实施并缓解几次最大常用制动（操作司控器主手柄（=22–S01）数次至最大常用制动位，施加制动后等待 3 s，缓解制动后等待 3 s，不允许快速操作）降低总风压力。	
（4）当系统提示"MRP 试验运行"时，等待 1 min，使两个端车的总风压力上升至最少 30 kPa。	
（5）若接下来系统提示"MPR 贯通性试验成功"，可进行其他试验；若系统提示"MPR 贯通性试验失败"，可重新试验或进行其他试验。	
（6）试验完成后，操作"停止试验"软键返回试验界面。	

活动 2.6.3　思考练习

1. 动车组直通制动试验作业包含哪些作业步骤？
2. 防滑试验分为哪几个步骤？
3. 总风管（MRP）贯通性试验分为哪几个步骤？

【考核评价】

1. 综合评价表（见表 2–22）

表 2–22　综合评价表

序号	考核项目	总分	评分标准	自评分	互评分	教师评分	综合评分
1	时间	20	（1）每超过标定时间 30 s 扣 1 分，超过标定时间 1 min 停止作业，时间项不得分。 （2）压缩时间不加分，成绩相同的按时间排序。				
2	作业过程	20	（1）不按顺序作业，扣 5 分。 （2）使用制动手柄不当，扣 2 分；未确认有电和无电状态，每次扣 5 分。				
3	作业质量	50	（1）未顺序操作，扣 10 分。 （2）分部件检查操作不正确，扣 10 分。 （3）未进行功能测试，扣 10 分。				
4	安全及其他	10	（1）未配合人员到尾端司机室 HMI 按动紧急制动按钮，扣 10 分。 （2）作业中违章使用工具，每次扣 1 分；作业完毕后遗漏工具，每件扣 2 分。 （3）作业中碰破出血，扣 5 分；作业过程中受伤不能工作者，全项失格。 （4）未按规定穿戴个人防护用品，扣 2 分。				

2. 教师评价建议

项目 3

CR400BF 型动车组牵引系统

【项目构架】

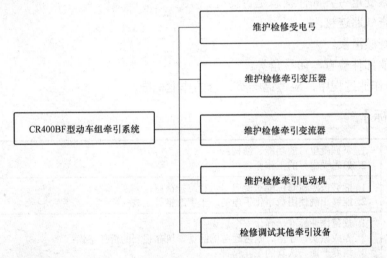

CR400BF型动车组牵引系统

- 维护检修受电弓
- 维护检修牵引变压器
- 维护检修牵引变流器
- 维护检修牵引电动机
- 检修调试其他牵引设备

【项目引导】

🔷 目的要求

1. 掌握受电弓维护检修作业的步骤和操作方法。

2. 掌握动车组牵引变压器设备清理及检查的作业步骤。

3. 掌握动车组牵引变流器设备检修作业步骤。

4. 掌握动车组牵引电动机设备检修作业步骤。

5. 掌握动车组主断路器检修作业步骤。

🔷 重点与难点

重点：

1. 动车组受电弓碳滑板更换作业的操作过程。

2. 分部件检查动车组牵引变压器。

3. 分部件检查动车组牵引变流器。

难点：

1. 判断动车组牵引变压器工作状态是否正常。

2. 处理主断路器故障。

【项目内容】

任务 3.1　维护检修受电弓

【任务描述】

CR400BF 型动车组使用的是 DSA380 型单臂受电弓，受电弓受流 25 kV 电压接触网的电流，并将该电流传输到车顶电路中。通过实训教学，学生需完成以下任务：

① 检查受电弓各部件状态是否良好。

② 检查气路连接。

③ 检查碳滑板。

④ 其他部件检查，如弓角等。

在整个作业过程中，应遵循一级检修的作业标准。

【学习目标】

知识目标	1. 掌握受电弓的功能、结构； 2. 熟悉受电弓的工作原理
能力目标	1. 能够按照检修标准对受电弓进行维护检修； 2. 能够正确使用数字化手电筒、十字改锥等工具
素质目标	1. 规范作业标准，强化安全意识； 2. 养成诚实、守信、吃苦耐劳的品德，培养强烈的责任意识； 3. 培养严谨、认真的工匠精神

【导　　入】

1. CR400BF 型动车组受电弓的主要技术参数（如表 3-1 所示）

表 3-1　CR400BF 型动车组受电弓的主要技术参数

参数	参数值
设计速度	380 km/h
额定电压/电流	25 kV/1 000 A（根据 EN 50206-1）
静态接触压力	80 N，可调
驱动设备	气囊装置
输入空气压力	400～1 000 kPa
受电弓弓头（弓头支架、滑板）的垂向位移量	60 mm

续表

参数	参数值
接触压力 80 N 时压缩空气气压	330～390 kPa
材料　底架	不锈钢
下臂	铸铝
下导杆	不锈钢
上臂	铝合金
弓头	铝合金/钛合金
滑板	铝托架/硬碳
弓角	不锈钢
质量	最大 130 kg（绝缘子除外）

2. CR400BF 型受电弓的功能

受电弓是利用车顶接触网获取和传递电流的机械组成。DSA380 型单臂受电弓的结构如图 3–1 所示。

受电弓由气囊组成的气动平衡系统控制，该气囊的压缩空气由气动控制单元提供。在压缩空气作用下气囊产生扭矩，通过凸轮及弹性连接轴作用在下臂的铰链处，从而使受电弓根据设定速度升弓。通过气动控制单元调整压缩空气的压力，在该压力作用下不断改变受电弓的升弓高度，使弓头和接触线之间保持一定的接触力。如果压缩空气供应中断或者低压电源供应发生故障，受电弓会自动降弓。降弓的控制方式是随着气囊内的压缩空气排空后由重力作用自动实现。

【活　　动】

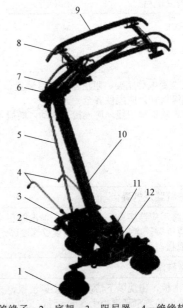

1—绝缘子；2—底架；3—阻尼器；4—绝缘软管；
5—下导杆；6—上导杆；7—上臂；8—弓头；
9—碳滑板；10—下臂；11—弓装配；12—升弓装置。
图 3–1　DSA380 型单臂受电弓

活动 3.1.1　准备工作

1. 安全准备
按规定穿戴个人防护用品。
2. 工具准备
包括工具包、数字化手电筒等。

3. 技术准备

（1）可用于实训演练的 CR400BF 型动车组设备一组。

（2）标定时间：40 min。

活动 3.1.2　动车组受电弓维护检修作业程序与要求

 扫描二维码，学习动车组受电弓检测

动车组受电弓维护检修作业程序与要求如表 3-2 所示。

表 3–2　动车组受电弓维护检修作业程序与要求

作业步骤及质量标准	图示
1. 检查受电弓 （1）检查受电弓底架、阻尼器、升弓装置、下臂、弓装配、下导杆、上臂、上导杆、绝缘软管，应配件齐全、无松动。 （2）检查软铜编织线，应连接无松动，断股不得超过 10%。	
2. 检查气路及气囊 检查气路，应连接良好，出现以下情况时更换气囊： ① 气囊龟裂长度超过 25 mm 或裂纹深度超过 1.2 mm。 ② 目视状态下可见内部帘布层。	
3. 检查碳滑板 检查碳滑板，出现以下情况时更换碳滑板： ① 碳滑板的剩余高度小于 5 mm 时，更换（从碳条的上边缘测量至铝托）； ② 侧面裂纹：存在贯穿至铝托架的侧面裂纹； ③ 上表面裂纹：存在纵向贯穿性裂纹，或存在裂到碳滑板边缘且宽度大于 0.3 mm 的横向裂纹，或摩擦区超过 3 条以上裂纹； ④ 边缘掉块：缺陷掉块占宽度方向超过 40%； ⑤ 滑板基座：基座表面孔洞直径大于 2 mm。 **注意：**① 检查中发现碳结块时，须用粗锉刀锉平锐利的边缘。 　　　 ② 两碳滑板高度差不大于 3 mm	
4. 其他检查 （1）升弓装置两侧钢丝绳张紧程度应基本一致，任意 100 mm 以内断丝数不超过 2 根且任何一支绳股不允许有 2 根以上断丝。 （2）两根白色绝缘管应定期进行清洁和维护，当两端接头出现漏风或表面有裂纹、划伤时，需对其进行换新。 （3）弓角无变形，弓角弹簧及拉杆无折损。	

活动 3.1.3　思考练习

1. 试说明受电弓的结构及功能。
2. 简述检查受电弓的具体作业内容。
3. 受电弓碳滑板出现哪些情况时必须更换碳滑板？

【考核评价】

1. 综合评价表（见表 3-3）

表 3-3　综合评价表

序号	考核项目	总分	评分标准	自评分	互评分	教师评分	综合评分
1	时间	10	超出标定时间 3 min，扣 2 分。				
2	作业过程	20	（1）不按顺序作业，扣 5 分。 （2）工具使用不当，扣 2 分；损坏、摔掷工具，每次扣 5 分。 （3）工具未收回，每件扣 1 分。				
3	作业质量	60	（1）工具准备不正确，扣 10 分。 （2）部件检查不正确，扣 20 分。 （3）检查气路及气囊不正确，扣 15 分。 （4）检查碳滑板不正确，扣 20 分。				
4	安全及其他	10	（1）未插设或撤除安全号志，扣 10 分；错设扣 5 分；中间脱落或未展开，各扣 5 分。 （2）作业中违章使用工具，每次扣 1 分；作业完毕后遗漏工具，每件扣 2 分。 （3）作业中碰破出血，扣 5 分；作业过程中受伤不能工作者，全项失格。 （4）未按规定穿戴个人防护用品，扣 2 分。				

2. 教师评价建议

_____

_____

_____

_____

_____

_____

_____

任务 3.2　维护检修牵引变压器

【任务描述】

CR400BF 型动车组每次运行累计（7 000+700）km 或运用 48 h 需进行一级检修。牵引变压器一级检修主要检查项目为目视牵引变压器底板并确认：① 底板无明显变形及裂纹，密封胶条无损坏。② 各螺栓安装牢固，防松标记无错位。

二级检修的周期为每次运行累计 2 万 km 或运用 20 d。牵引变压器二级检修的主要检查项目为：① 牵引变压器检查及清洁。② 牵引变压器油样检测。

通过实训教学，学生需完成以下任务：

① 整体检查动车组牵引变压器，判断其工作状态是否正常。

② 分部件检查动车组牵引变压器，判断其工作状态是否正常。

③ 填写记录单。

牵引变压器上的所有操作均需按照作业指导书执行，而且操作人员在操作前应受过适当培训，具备相关技能，能够完成此类操作。

【学习目标】

知识目标	1. 认知动车组主变压器部件； 2. 熟知主变压器检查项目及流程
能力目标	1. 具备牵引变压器设备清理能力； 2. 具备牵引变压器检查能力
素质目标	1. 规范作业标准，强化安全意识； 2. 养成诚实、守信、吃苦耐劳的品德，培养强烈的责任意识； 3. 培养严谨、认真的工匠精神

【导　入】

1. CR400BF 型动车组牵引变压器的结构

CR400BF 型动车组牵引变压器采用 E3B 型牵引变压器（如图 3-2 所示），总重 6 560 kg，长度×宽度×高度为 4 384 mm×3 068 mm×837 mm，分别位于动车组的 03 和 06 车下。牵引变压器的器身部分装在一个装有变压器油的钢制油箱里，油箱需焊接箱盖且密封，主油箱及储油柜为一体化结构，降低了变压器整体高度。

为了保证牵引变压器良好地运行，牵引变压器还安装了其他辅助设备，这些设备一般分成三组：牵引变压器的电气连接部件、冷却系统、牵引变压器的监测保护部件。

牵引变压器带有 1 个油泵、2 个阀和 1 个冷却器（自带 2 个蝶阀），而且还附带压力释放阀、油位监测设备、油流监测设备等。

牵引变压器冷却系统采用适当的管道与变压器相连，并与油箱主横梁固定在一起。牵引变压器整体安装在车体上。

牵引变压器的主要附件采用标准部件，如高低压端子、油位探测器、油流继电器、PT100

及压力释放阀等，这不仅能减少维护和检修工时，还能降低维护成本。冷却系统与牵引变压器通过减振器与车体弹性吊挂。

牵引变压器上装有以下附件：

① 1 个油泵；

② 1 个冷却器（自带 2 个蝶阀）；

③ 1 个可目测油位的透明玻璃油位计；

④ 2 个温度传感器（2×PT100）用于温度控制；

⑤ 1 个出油/进油球阀，用来取油样；

⑥ 2 个波纹管，用于确保变压器和冷却器相连；

⑦ 2 个蝶阀；

⑧ 1 个油流继电器；

⑨ 1 个有电气接头的压力释放阀；

⑩ 1 个空气干燥器；

⑪ 1 个油位探测器，用于低油位探测和更低油位探测；

⑫ 2 个电流互感器。

牵引变压器布置图如图 3-3 所示。

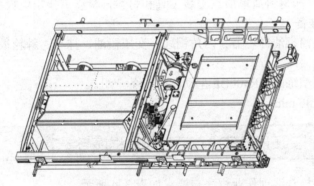

图 3-2　E3B 型牵引变压器

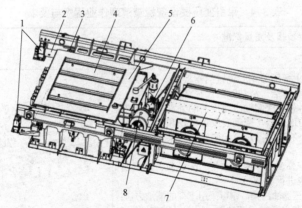

1—电流互感器；2—高压 T 形头；3—高压端子；4—油箱；5—牵引变压器；6—管路；7—冷却系统；8—油泵。

图 3-3　牵引变压器布置图

2. CR400BF 型动车组牵引变压器的作用原理

牵引变压器为单相心式变压器，额定工作电源为 AC 25 kV/50 Hz 电源，该电源电压用于产生整车牵引力。牵引变压器将一次绕组上的输入电压降压为 4 个二次绕组输出电压（AC 1 900 V/50 Hz）。牵引变压器容量为 6 433 kVA，采用高等级耐热绝缘材料实现大容量轻量化设计，冷却液采用高燃点变压器油以提高防火安全性。冷却功率为 300 kW，油流量为 1 200 L/min 油阻力为 650 kPa。牵引变压器采用两个离心式风机推动空气侧流体流动，冷却空气流动方式为侧进底出的方式。

【活　动】

活动 3.2.1　准备工作

1. 安全准备
① 作业者按规定穿戴个人防护用品。
② 办理无电作业申请，检查并确认接触网和动车组处于无电状态，确认停放制动已施加，确认作业计划单中的作业车组号及股道。
③ 按照工装工具和材料清单清点工装工具和材料，检查定扭矩电扳手并校验到位。

2. 工具、材料准备
包括数字化手电筒、油样容器、四角钥匙、变压器油、抹布、棘轮扳手等。

3. 技术准备
（1）可用于实训演练的 CR400BF 型动车组设备一组。
（2）标定时间：30 min。

活动 3.2.2　牵引变压器设备检查清理作业程序与要求

牵引变压器设备检查清理作业程序与要求如表 3–4 所示。

表 3–4　牵引变压器设备检查清理作业程序与要求

作业步骤及质量标准	图示
1. 外观检查 （1）使用四角钥匙打开主变压器相应位置的裙板。 （2）对变压器进行检查和清洁，清洁时防止损坏漆层。 ① 检查原边回流连接器和二次侧输出连接器的外观，对于未安装金属屏蔽外壳的连接器，应无裂纹、破损和漏油；对于安装金属屏蔽外壳的连接器，应无漏油。如果连接器脏污，则应进行清理。 ② 检查高压 T 形头护套外表面，应无破损、无裂纹。如果高压 T 形头脏污，则应进行清理。 ③ 如果变压器表面被变压器油污染，则可采用下列的清洁方法： a）温和清洁。准备热水和普通家用清洁剂，用刷子彻底清洁变压器表面； b）强度清洁。使用氯基清洁剂，例如丙酮，用软布沾上少许清洁剂对脏污表面进行清洗，随后立即用另外一块布擦拭干净。	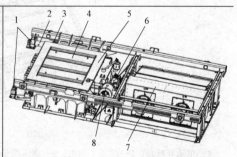 1—电流互感器；2—高压 T 形头；3—高压端子；4—油箱；5—牵引变压器；6—管路；7—冷却系统；8—油泵。

作业步骤及质量标准	图示

2. 油位检查与注油

1）检查油位
检查膨胀油箱上的油位计，查看油位，应处在正常位置。
① ABB 变压器油位应与环境温度相符（误差在 0℃～+20℃）；
② 株洲变压器油位应符合油位曲线。

2）注油
如出现油缺失，必须找出漏泄处并注满，注油步骤如下：
① 仅在变压器断电的情况下给变压器注油，确保所有的机组均已断电。
② 保持蝶阀 1 和蝶阀 2 处于关闭状态。
③ 确认吸湿器球阀处于打开状态。
④ 将注油设备置于比冷却单元高的位置，将注油管连接到球阀上，启动注油设备并打开球阀。
⑤ 当油位达到油位计上相应温度标记时（根据温度），关闭球阀。
⑥ 关闭并断开注油设备。
⑦ 打开蝶阀 1 和蝶阀 2。
⑧ 打开放气塞 1、2、3，直到气体排净有油排出时关闭放气塞，启动油泵，工作 5 min 后关闭油泵，将冷却单元静置半小时后重新打开放气塞 1、2、3，气体排净后将其关闭。

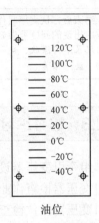

油位

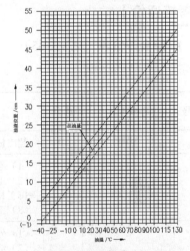

油温–油液位置关系图

3. 检查干燥器

（1）目视检查干燥器中的硅胶，如果水晶体有半数以上已变色，则整个水晶体必须使用新的硅胶替换。
（2）如果硅胶被变压器油污染，则硅胶必须全部更换。
（3）作业完毕，撤除动车组接地防护。

4. 完工检查

（1）作业结束后恢复裙板，使用四角钥匙关好并锁闭裙板。
（2）清理作业现场，清点工具和材料。

续表

作业步骤及质量标准	图示
5. 填写记录	
（1）在作业结束后，认真填写作业记录单。 （2）对作业中出现的问题要做好记录，及时反映情况。 **注意**：作业记录不得涂改、乱画，保持作业记录单据整洁，要做到一车一档、统一保管。	

活动 3.2.3　思考练习

1. 动车组牵引变压器设备检查清理作业包含哪些作业步骤？
2. 牵引变压器检查作业分为哪几步？
3. 牵引变压器油位检查及注油作业包含哪些步骤？

【考核评价】

1. 综合评价表（见表 3–5）

表 3–5　综合评价表

序号	考核项目	总分	评分标准	自评分	互评分	教师评分	综合评分
1	时间	10	超出标定时间 3 min，扣 2 分。				
2	作业过程	20	（1）不按顺序作业，扣 5 分。 （2）工具使用不当，扣 2 分；损坏、摔掷工具，每次扣 5 分。 （3）工具未收回，每一件扣 1 分。				
3	作业质量	60	（1）外观检查不正确，扣 20 分。 （2）油位检查不正确，扣 20 分。 （3）干燥器检查不正确，扣 10 分。 （4）完工检查不正确，扣 10 分。				
4	安全及其他	10	（1）未插设或撤除安全号志，扣 10 分；错设扣 5 分；中间脱落或未展开，各扣 5 分。 （2）作业中违章使用工具，每次扣 1 分；作业完毕后遗漏工具，每件扣 2 分。 （3）作业中碰破流血，扣 5 分；作业过程中受伤不能工作者，全项失格。 （4）未按规定穿戴个人防护用品，扣 2 分。				

2. 教师评价建议

_____

_____

_____

任务 3.3　维护检修牵引变流器

【任务描述】

CR400BF 型动车组每次运行累计（7 000+700）km 或运用 48 h 需进行一级检修。牵引变流器一级检修主要检查项目为目视牵引变压器底板并确认：① 底板无明显变形及裂纹，密封胶条无损坏。② 各螺栓安装牢固，防松标记无错位。

二级检修的周期为每次运行累计 2 万 km 或运用 20 d，牵引变流器二级检修主要检查项目为牵引变压器检查及清洁。

通过实训教学，学生需完成以下任务：

① 整体检查动车组牵引变流器，判断其工作状态是否正常。

② 分部件检查动车组牵引变流器，判断其工作状态是否正常。

③ 填写记录单。

【学习目标】

知识目标	1. 认知动车组主变流器部件； 2. 熟知牵引变流器检查项目及流程
能力目标	具备牵引变流器部件检查能力
素质目标	1. 规范作业标准，强化安全意识； 2. 养成诚实、守信、吃苦耐劳的品德，培养强烈的责任意识； 3. 培养严谨、认真的工匠精神

【导　入】

1. CR400BF 型动车组牵引变流器结构

CR400BF 型动车组牵引变流器（如图 3-4 所示）位于 02、07、04、05 车下的设备舱内，型号为 TKD502（TKD502A 为普通车，TKD502B 为高寒车）。CR400BF 型动车组运行在交流 AC 25 kV/50 Hz 的供电线路上，此供电电压通过列车上的车载变压器将输入电压转变为 1 850 V（批量车为 1 900 V）。每个列车包含 4 个牵引变流器箱。每个牵引变流器箱包含 2 个四象限斩波器、1 个三相 PWM 逆变器，用它来驱动 4 个牵引电机及一个制动斩波器。牵引变流器有一个用于为辅助变流器供电的中间直流环节输出。

牵引变流器包括以下部件：

① 2 个四象限斩波器；

② 带欧姆电容接地故障敏感元件的电压中间直流环节；

③ PWM 逆变器；

④ 限压斩波器和过压抑制电阻；

⑤ 用于外部辅助变流器的中间直流环节输出；

⑥ 谐波电路电容器。

图 3-4　牵引变流器

2. CR400BF 型动车组牵引变流器的作用原理

牵引变流器的主要功能是为 4 台牵引电动机的运行提供 3 相交流电源，由集成在牵引变流器箱体内的牵引控制单元控制牵引变流器的工作状态。

牵引控制单元读取冷却回路的温度和进出口水压，从而防止牵引变流器热过载。

牵引变流器具有过流保护和过压保护，中间直流环节设有过压抑制电阻，用于缓解中间直流电路的过压，防止对功率半导体器件造成损坏。

牵引变流器中间直流环节设有接地电压传感器，用于检测牵引变流器的接地故障。

若牵引变流器发生重大故障，将自动切除对应故障牵引变流器。

【活　　动】

活动 3.3.1　准备工作

1. 安全准备

① 作业人员应按规定穿戴个人防护用品，注意尖锐角边可能造成绊倒、挤伤事故以及皮肤割伤。

② 接触网断电并接地。

③ 对动车组进行接地放电操作。

2. 工具、材料准备

包括基本电工工具、基本机械工具、数字万用表等。

3. 技术准备

（1）可用于实训演练的 CR400BF 型动车组设备一组。

（2）标定时间：40 min。

活动 3.3.2　牵引变流器设备检查作业程序与要求

牵引变流器设备检查作业程序与要求如表 3-6 所示。

表 3–6 牵引变流器设备检查作业程序与要求

作业步骤及质量标准	图示
1. 工前准备 （1）2 名作业者按规定穿戴好个人防护用品。 （2）检查并确认动车组已降弓断电，对动车组按照高压设备作业防护接地流程进行接地放电作业。 （3）按照工装工具和材料清单清点工装工具和材料。	
2. 检查牵引变流器部件 （1）检查冷却液体连接管路，应状态良好，密封无损坏，冷却液体无泄漏。 （2）检查所有盖，保证所有密封件状态良好，盖体未被压入或破裂。	 牵引变流器冷却液体管路 
3. 测量 （1）使用高压探针在球形试验点 XN1 和 XP1 处进行测量。这些试验点处的电压必须都低于 20 V。具体操作时，先将接地线连接到接地 XE1 上，然后连接至 XN1 和 XP1 上。 （2）使用高压探针在球形试验点 XN2 和 XP2 处进行测量，这些试验点处的电压必须都低于 20 V。具体操作时，先将接地线连接到接地 XE2 上，然后连接至 XN2 和 XP2 上。	
4. 检查水泵和膨胀水箱 检查水泵和膨胀水箱： ① 是否漏液； ② 电连接、水管连接和机械连接是否可靠。	
5. TCU 检查 目视检查电缆，应无老化、破裂，紧固件无松动。	
6. 完工检查 （1）清理作业现场周边、工具和材料。 （2）确认工装工具齐全，并将工具和材料存放在指定位置，作业现场地面无杂物。	

续表

作业步骤及质量标准	图示
7. 填写记录	
（1）在作业结束后，认真填写作业记录单。 （2）对作业中出现的问题要做好记录，及时反映情况。 **注意：** 作业记录不得涂改、乱画，保持作业记录单据整洁，要做到一车一档、统一保管。	

活动 3.3.3　思考练习

1. 动车组牵引变流器设备检查作业包含哪些作业步骤？
2. 牵引变流器部件检查作业分为哪几步？
3. 牵引变流器完工检查包含哪些步骤？

【考核评价】

1. 综合评价表（见表 3–7）

表 3–7　综合评价表

序号	考核项目	总分	评分标准	自评分	互评分	教师评分	综合评分
1	时间	10	超出标定时间 3 min，扣 2 分。				
2	作业过程	20	（1）不按顺序作业，扣 5 分。 （2）工具使用不当，扣 2 分；损坏、摔掷工具，每次扣 5 分。 （3）工具未收回，每一件扣 1 分。				
3	作业质量	60	（1）检查牵引变流器部件不正确，扣 20 分。 （2）测量不正确，扣 10 分。 （3）检查水泵和膨胀水箱不正确，扣 10 分。 （4）TCU 检查不正确，扣 10 分。 （5）完工检查不正确，扣 10 分。				
4	安全及其他	10	（1）未插设或撤除安全号志，扣 10 分；错设扣 5 分；中间脱落或未展开，各扣 5 分。 （2）作业中违章使用工具，每次扣 1 分；作业完毕后遗漏工具，每件扣 2 分。 （3）作业中碰破出血，扣 5 分；作业过程中受伤不能工作者，全项失格。 （4）未按规定穿戴个人防护用品，扣 2 分。				

2. 教师评价建议

_____

_____

任务 3.4　维护检修牵引电动机

【任务描述】

CR400BF 型动车组使用的牵引电动机是 YJ268A 型电动机，为卧式、双轴承的鼠笼式三相异步牵引电动机。

通过本实训教学，学生需完成以下任务：

① 检查安装在牵引电动机上的部件。

② 检查电动机上的螺栓。

③ 检查电缆和连接器是否损伤。

④ 检查联轴器上的螺栓。

⑤ 检查电机单元减振器等。

在整个作业过程中，应遵循一级检修的作业标准。

【学习目标】

知识目标	1. 掌握牵引电机的技术参数、结构； 2. 熟悉牵引电动机维护检修项目
能力目标	1. 能够按照检修标准对牵引电动机行维护检修； 2. 能够正确使用数字化手电筒、十字改锥等工具
素质目标	1. 规范作业标准，强化安全意识； 2. 养成诚实、守信、吃苦耐劳的品德，培养强烈的责任意识； 3. 培养严谨、认真的工匠精神

【导　入】

1. CR400BF 型牵引电动机概述

YJ268A 型牵引电动机结构紧凑、体积小、功率大，具有重量最优化、高效紧凑的特点。

该电动机为卧式、双轴承的鼠笼式三相异步牵引电动机，轴伸为 1:50 锥度，采用防护式强迫通风结构，冷却风从电动机非传动端进风口进入，经由定子背部通风孔、气隙及转子铁心轴向通风孔，从传动端端盖出风孔排出。其定子采用球墨铸铁铸造机座，两端采用铝端盖，实现了电机轻量化。

2. CR400BF 型动车组牵引电动机技术参数

CR400BF 型动车组牵引电动机技术参数如表 3-8 所示。

表 3-8　**CR400BF 型动车组牵引电动机技术参数**

参数	参数值
牵引功率	650 kW
额定电压	2 800 V
额定电流	170 A
额定转速	4 174.6 r/min
额定频率	140 Hz
额定效率	95%
最高转速	5 810 r/min
极数	4 极
定子绕组接法	星形（Y）
冷却风量	0.72 m³/s
绝缘等级	200 级
工作制	S1
安装方式	转向架安装

3. 维护和检修注意事项

牵引电动机上的所有维护作业必须尽可能地小心进行，一定要做到：

① 遵守所有的基本安全预防措施。

② 遵守所有技术规范（螺栓防松、紧固扭矩等）。

③ 保证无异物进入电动机。

④ 保证无部件遗落在电动机中。

⑤ 保证无工具遗留在电动机中。

【活　动】

活动 3.4.1　准备工作

1. 安全准备

按规定穿戴个人防护用品。

2. 工具准备

包括工具包、数字化手电筒等。

3. 技术准备

（1）可用于实训演练的 CR400BF 型动车组设备一组。

（2）标定时间：60 min。

活动 3.4.2 动车组牵引电动机维护检修作业程序与要求

动车组牵引电动机维护检修作业程序与要求如表 3-9 所示。

表 3-9 牵引电动机维护检修作业程序与要求

作业步骤及质量标准	图示
1. 检查安装在牵引电动机上的部件 （1）牵引电动机组成部件无明显的机械损伤，电动机位移止挡无异常碰撞迹象。 （2）各部件配件齐全、螺栓安装牢固。	
2. 检查电动机上的螺栓	
电动机上的螺栓和联轴器上的螺栓紧固，防松标记无错位。	
3. 检查电缆和连接器是否损伤	
（1）所有连接导线都应连接可靠、无损坏。 （2）连接器无损坏。	
4. 检查联轴器上的螺栓	
联轴器上的螺栓紧固，防松标记无错位。	
5. 检查电动机单元减振器等	
（1）电动机单元减振器橡胶节点无异常开裂、脱胶。 （2）减振器无异常漏油现象。 （3）牵引电动机弹性节点无异常开裂、脱胶现象。	

活动 3.4.3 思考练习

1. 试说明 CR400BF 牵引电动机的结构。

2. 牵引电动机维护检修包含哪些步骤？

【考核评价】

1. 综合评价表（见表 3-10）

表 3-10　综合评价表

序号	考核项目	总分	评分标准	自评分	互评分	教师评分	综合评分
1	时间	10	超出标定时间 3 min，扣 2 分。				
2	作业过程	20	（1）不按顺序作业，扣 5 分。 （2）工具使用不当，扣 2 分；损坏、摔掷工具，每次扣 5 分。 （3）工具未收回，每件扣 1 分。				
3	作业质量	60	（1）检查牵引电动机上的部件不正确，扣 20 分。 （2）检查电动机上的螺栓不正确，扣 10 分。 （3）检查电缆和连接器是否损伤不正确，扣 10 分。 （4）检查联轴器上的螺栓不正确，扣 10 分。 （5）检查电动机单元减振器等不正确，扣 10 分。				
4	安全及其他	10	（1）未插设或撤除安全号志，扣 10 分；错设扣 5 分；中间脱落或未展开，各扣 5 分。 （2）作业中违章使用工具，每次扣 1 分；作业完毕后遗漏工具，每件扣 2 分。 （3）作业中碰破出血，扣 5 分；作业过程中受伤不能工作者，全项失格。 （4）未按规定穿戴安全防护用品，扣 2 分。				

2. 教师评价建议

_____

_____

_____

_____

_____

_____

_____

_____

任务 3.5　检修调试其他牵引设备

【任务描述】

动车组在运行途中，遇主断路器无法闭合，检修人员应按照作业指导书的规范要求找到故障的原因并采取正确的处理方法。通过实训教学，学生需完成以下任务：

① 对动车组牵引设备主断路器进行故障处理。

② 填写记录单。

在整个作业过程中，应遵循现场工作管理规范。

【学习目标】

知识目标	1. 了解动车组主断路器不闭合的原因； 2. 掌握动车组主断路器不闭合的处理方法
能力目标	1. 熟练使用 HMI 屏查看故障； 2. 掌握动车组各个部件空开的位置； 3. 能熟练快速地处理牵引系统主断路器故障
素质目标	1. 规范作业标准，强化安全意识； 2. 养成诚实、守信、吃苦耐劳的品德，培养强烈的责任意识； 3. 培养严谨、认真的工匠精神

【导　入】

1. 概述

高压电器箱（如图 3-5 所示）将车顶高压电器封装在箱体内，整个安装在车顶上。每列列车配备两组高压电器箱，高压电器箱将由安装在车顶的受电弓供电，其顶盖最多承受一个体重不超过 100 kg 的人员通过。

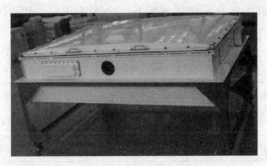

图 3-5　高压电气箱

2. 主要参数

高压电器箱的主要参数如表 3-11 所示。

表 3–11　高压电器箱的主要参数

参数	参数值	参数	参数值
额定电压	30 kV	工作气压	400～1 000 kPa
额定频率	50 Hz	额定雷电冲击	170 kV
额定电流	1 000 A（r.m.s）	额定工频耐受电压	75 kV
额定控制电压	DC 110 V	总质量	≤600 kg
控制电压限值	$0.7U_e$～$1.25U_e$		

注：U_e 是电压的瞬时值，r.m.s 是电流的有效值。

3. 高压电器箱组成图（主电路）

高压电器箱内包含：一组真空断路器（含接地开关）、一组高压隔离开关、一组高压电压互感器、一组高压电流互感器、一组避雷器。其布置及相互之间的关系如图 3–6 所示。

1—高压电流互感器；2—避雷器；3—高压隔离开关；4—高压电压互感器；5—真空断路器。

图 3–6　去顶盖后的高压电器箱

4. 真空断路器（含接地开关）

真空断路器控制动车组的电力设备与 25 kV 接触网之间的连接与断开，其灭弧室采用真空式。出于安全原因，高压安全系统中需配备一个接地开关，其动作方式为手动式。真空断路器的技术参数如表 3–12 所示。

表 3–12　真空断路器的技术参数

参数	参数值
额定电流	1 000 A
额定短路开断能力	30 kV/50 Hz/16 kA
额定短路接通能力	40 kA（峰值）
额定短时耐受电流	16 kA（1 s）
额定峰值耐受电流	50 kA

续表

参数	参数值
额定控制电压	DC 110 V
控制电压范围	77～137.5 V
闭合时间	≤100 ms
开断时间	≤60 ms
弹跳时间	≤10 ms
辅助触头额定电压	DC 110 V
控制回路气压	500～1 000 kPa
工频耐受电压	85 kV
雷电冲击耐受电压	185 kV

【活　　动】

活动 3.5.1　准备工作

1. 安全准备

穿戴好个人防护用品。如需操作接地开关，还需要准备接地开关钥匙。如需登车顶作业，须将接地开关接地，并使用方电杆对高压电器箱主回路放电。

2. 工具、材料准备

工具、材料的准备如表 3-13 所示。

表 3-13　工具材料的准备

工具材料名	单位
随车钥匙	1 套
对讲机	1 只
手电筒	1 只

3. 技术准备

（1）按作业指导书标准化程序进行作业。

（2）标定时间：20 min。

活动 3.5.2 检修主断路器无法闭合作业

1. 真空断路器技术维修检查作业程序与要求（如表 3-14 所示）

表 3-14 真空断路器技术维修检查作业程序与要求

作业步骤	图示
1. 检查外观及电气连接的紧固性	
（1）检查接地开关，如有松动，必须按照拧紧扭矩紧固。 （2）检查接地触头及接地夹，应无损坏、变形，能与接地开关配合良好。如果确实有损坏，须更换，然后再进行调整。 （3）检查是否有结瘤出现。如果结瘤小于 1 mm，用锉刀修平并润滑接地触头；如果结瘤超过 1 mm，须更换并润滑接地触头。	
2. 检查绝缘子	
（1）用中性清洁剂或肥皂水清洗绝缘子，不能使用带有压力或蒸汽的清洗工具。 （2）用干燥的软麻布擦干绝缘子，如果有必要，先用湿布擦拭后再用干燥的软麻布擦拭。 （3）检查绝缘子与法兰之间是否松动，表面是否有划痕，如果绝缘子表面超过 5 道划痕，则必须更换绝缘子。	
3. 检查气密性	
检查所有管路系统及气动元件，查找可能的空气泄漏点，如果发现有空气泄漏点，则更换有缺陷的气管、接头等气动元件。	
4. 调压阀检查及调整	
（1）从调压阀上测试点拆下螺堵。 （2）使用已校准的带有与测试点相适应的 G1/4 接头的柔性管路连接测力装置检测空气压力值，空气压力值应在 483～497 kPa 之间。 （3）如果压力出现偏差，向上拔起调节旋钮外的罩盖，调节调压阀顶部的调节旋钮，使压力值达到规定的压力范围。 （4）操作断路器 5 次，确定压力测量装置的读数一致。 （5）当压力正确后，将调节旋钮外的罩盖盖上，拆除压力检测装置和软管，并在螺堵螺纹部位涂乐泰 542 密封胶（允许放置 10～15 min）。 （6）重新安装螺堵。	 测试点
5. 压力开关检查及调整	
（1）将已校准的测力装置串接在压力开关的空气入口处，将万用表两触针连接到 DA 导线和 37 芯连接器的 p（小写）号插针上，调节调压阀，检查压力开关上的微动开关断、合情况，应在 345~358 kPa 时断开，在 390～420 kPa 时闭合。 **注意**：顺时针调节调压阀螺钉增大设置值，逆时针调节调压阀螺钉降低设置值。 （2）拧紧锁紧螺母后，重新检查压力设置有没有变化。 （3）重新调整调压阀到规定的压力范围。如果压力开关的吸合开关或风箱单元损坏，则必须更换一个新的压力开关到断路器上。	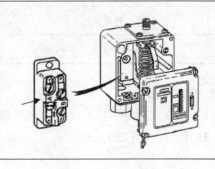

续表

作业步骤	图示
6. 电路检查	
（1）检查电缆绝缘层有无破损或老化，如有则更换电缆。 （2）检查接线端子是否松动，如有松动则重新拧紧。	
7. 电磁阀检查	
分别在电磁阀线圈得电或失电状态下检查是否有空气泄漏。	
8. 主触头磨损量检查	
（1）使触头磨损指示器与基准面的距离为 3 mm，闭合断路器，检查推杆上的触头磨损指示器显示的触头间距，如果磨损量大于 2.5 mm，则需要更换上绝缘子总成。 （2）如果断路器工作周期达到 200 000 次，无论触头是否磨损，都必须更换新的上绝缘子总成。	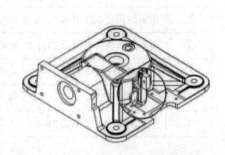
9. 检查缓冲垫组成	
（1）根据动车组运行情况，估算真空断路器动作次数，如果接近或已达到 30 000 次，则检查缓冲垫组成。如果缓冲垫厚度小于 4 mm 或损坏，则必须更换新的缓冲垫。 （2）更换新的缓冲垫后，需进行动作试验、开断时间检测、辅助触头调整及主触头磨损指示器设定等工作。	

2. 检修主断路器无法闭合（3360、3365 等）作业程序与要求

检修主断路器无法闭合（3360、3365 等）作业程序与要求如表 3–15 所示。

表 3–15　检修主断路器无法闭合（3360、3365 等）作业程序与要求

作业步骤及质量标准	图示
1. 适用	
（1）CR400BF ALL。 （2）CR400BF–A ALL。 （3）CR400BF–B ALL。	
2. 现象	
主断路器无法闭合。	
3. 行车	
维持运行。	

续表

作业步骤及质量标准	图示

4. 原因

（1）主断路器自身故障。
（2）主断路器闭合环路条件不满足，具体如下：

序号	故障名称	诊断代码
①	主断路器闭合故障	3360
②	主断路器使能继电器 21–K17 故障	3365
③	主断路器使能继电器 21–K18 故障	3366
④	主断路器使能继电器 21–K27 故障	3367
⑤	主断路器使能继电器 21–K28 故障	3368
⑥	主断路器使能继电器 21–K25 故障	3369
⑦	主断路器使能继电器 21–K35 故障	3370

5. 处理过程

（1）发现故障时的操作：司机发现受电弓升起车辆的主断路器不能闭合或者运行中主断路器异常断开时，应通知随车机械师。
（2）确认故障：随车机械师确认故障信息，若存在牵引系统故障，按《CR400BF系列动车组途中故障应急处理指导手册》进行处理。若诊断代码为3360、3367、3368、3369，执行下述第（3）步。若诊断代码为3365、3366、3370，执行下述第（4）步。
（3）换弓运行：换升非故障牵引单元受电弓，继续运行。
（4）切除隔离开关换弓运行：切除故障牵引单元高压隔离开关，换升非故障单元受电弓，维持运行。

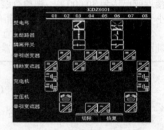

活动 3.5.3　思考练习

1. 简述主断器不闭合的原因。
2. 简述真空断路器技术维修检查的作业步骤。

【考核评价】

1. 综合评价表（见表 3-16）

表 3-16　综合评价表

序号	考核项目	总分	评分标准	自评分	互评分	教师评分	综合评分
1	时间	10	超出作业时间 3 min，扣 2 分。				
2	作业过程	20	（1）未确认故障，扣 10 分。 （2）工具使用不当，扣 2 分；损坏、摔掷工具，每次扣 5 分。 （3）工具未收回，每件扣 1 分。				
3	作业质量	60	（1）工具准备不正确，扣 20 分。 （2）断错空气断路器，扣 20 分。 （3）没有换弓运行，扣 20 分。				
4	安全及其他	10	（1）未插设或撤除安全号志，扣 10 分；错设扣 5 分；中间脱落或未展开，各扣 5 分。 （2）作业中违章使用工具，每次扣 1 分；作业完毕后遗漏工具，每件扣 2 分。 （3）作业中碰破出血，扣 5 分；作业过程中受伤不能工作者，全项失格。 （4）未按规定穿戴劳动防护用品，扣 2 分。				

2. 教师评价建议

项目 4

CR400BF 型动车组辅助电气系统

【项目构架】

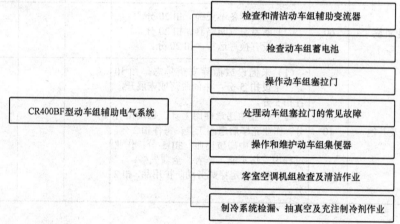

CR400BF型动车组辅助电气系统
- 检查和清洁动车组辅助变流器
- 检查动车组蓄电池
- 操作动车组塞拉门
- 处理动车组塞拉门的常见故障
- 操作和维护动车组集便器
- 客室空调机组检查及清洁作业
- 制冷系统检漏、抽真空及充注制冷剂作业

【项目引导】

🔥 目的要求

1. 掌握辅助变流器检查及清洁作业的步骤和操作方法。
2. 掌握动车组蓄电池检查作业的步骤和操作方法。
3. 掌握动车组塞拉门检查作业的步骤和操作方法。
4. 能够根据塞拉门的故障现象判断故障原因并进行维护处理。
5. 掌握制冷系统的检漏、抽真空和充注制冷剂的作业步骤及操作方法。
6. 掌握空调机组检查及清洁作业的步骤和操作方法。
7. 掌握动车组集便器的操作、维修方法。

🔥 重点与难点

重点：

1. 辅助变流器检查的作业过程。
2. 蓄电池检查的作业步骤。
3. 空调机组检查的作业流程。

难点：

1. 制冷系统的检漏、抽真空和充注制冷剂操作。
2. 塞拉门故障处理。

【项目内容】

任务 4.1　检查和清洁动车组辅助变流器

【任务描述】

当 CR400BF 型动车组运行 2 万 km 或运用 20 d 时，检修人员需依据作业指导书的规范标准进行动车组辅助变流器装置检查作业。通过实训教学，学生需完成以下任务：

① 通电前检查，判断其工作状态是否正常。

② 通电检查，判断其工作状态是否正常。

③ 填写记录单。

在整个作业过程中，应遵循现场工作管理规范。

【学习目标】

知识目标	1. 了解动车组辅助变流器各零部件的基础知识； 2. 掌握动车组辅助变流器的组成及工作原理
能力目标	1. 能识别动车组辅助变流器各子模块； 2. 能够进行动车组辅助变流器检查和清洁
素质目标	1. 培养学生的行业认同感； 2. 培养学生的团队协作能力

【导　　入】

辅助变流器是动车组辅助供电系统的供电设备之一，其主要作用是为辅助电气设备提供三相交流电源。辅助变流器从牵引变流器的中间直流环节取电，经过内部功能模块将直流电逆变成 3AC 380 V/50 Hz 的正弦交流电，向动车组的三相负载、蓄电池和充电机等供电。

辅助变流器单元被放置在一个适合车底安装的箱体中，如图 4-1 所示。箱体中还设有功率半导体、开关装置、保险丝、控制系统部件、冷却系统部件以及感应元件，辅助变流器采用强迫风冷的冷却系统。

图 4-1　辅助变流器箱

对于 8 辆编组的动车组，每列动车组安装 2 台双辅助变流器和 2 台单辅助变流器，如图 4-2 所示。辅助变流器连接到每节动车牵引变流器的中间电路，输入电压为 DC 3 000 V。所有辅助变流器同时为一根通达整列车的 3 AC 380 V/50 Hz 总线供电，而总线为各节车厢的所有负载供电。总线在列车工作期间处于耦合状态，若总线发生故障，可以打开耦合接触器，将各部分隔离开。各辅助变流器单独通过 3 AC 380 V/50 Hz 总线进行同步。辅助变流器采用冗余设计，当一台辅助变流器故障时，系统不减载；当两台辅助变流器故障时，减舒适性负载。

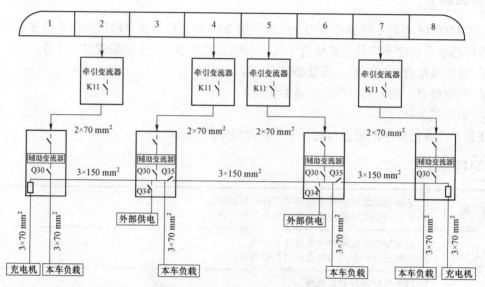

图 4-2　动车组辅助变流器配置图

【活　动】

活动 4.1.1　准备工作

1. 安全准备

作业人员应按规定穿戴个人防护用品。

2. 工具、材料准备

包括通用钥匙、头灯、万用表、毛刷、耳机、干净白布、高压风枪、定扭矩电扳手等。

3. 技术准备

（1）按作业指导书标准化程序进行作业。

（2）标定时间：20 min。

活动 4.1.2　检查和清洁动车组辅助变流器作业程序与要求

表 4–1　检查和清洁动车组辅助变流器技术检查

作业步骤及质量标准	图示
1. 工前准备	
（1）人员准备： 2 名作业者（1、2 号）按规定穿戴个人防护用品（工作服、劳保鞋、安全帽）。	
（2）工具、物料状态确认： ① 1 号作业者清点配送的工具，检查并确认定扭矩电扳手校验不超期，定扭矩电扳手扭矩范围符合标准；检查万用表并确认校验不超期，测量范围符合标准。 ② 2 号作业者清点配送的物料。	
（3）作业手续办理： ① 工长确认作业车组号及股道正确，受电弓已降下，接触网已断电，接地杆已挂，止轮器已设置，放电完毕后到现场值班室领取无电作业牌，办理无电作业手续。 ② 工长通知 1 号可以开始无电作业。	
2. 单辅助变流器接地放电	
（1）确认动车组已断蓄电池，在两端司机室故障开关柜上蓄电池开关上挂置"禁动牌"，警示其他项目作业人员，以免误动。 （2）检查车辆的电气控制柜，断开单辅助变流器的空开。	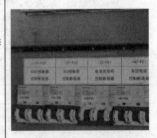
（3）在裙板下沿处贴挂色带；用四角钥匙打开设备对应位置处的裙板。 （4）用四角钥匙打开另一侧的裙板，用内六角棍打开维护盖板，找到球形接地电极 E1、E2 和 E3；利用合适的接地短路工具将球形接地电极 E1、E2 和 E3 短路，使辅助变流器的直流传输线接地并短路。 　**注意**：首先将 E3 连接到接地/短路装置，然后再连接 E1 和 E2。让模块中的储能电容器放电 5 min 以上。	

续表

作业步骤及质量标准	图示

3. 单辅助变流器清洁及检查

（1）单辅助变流器清洁：

① 用软毛刷清洁单辅助变流器表面的杂物（如灰尘、柳絮、纸屑等），清洁进气口滤网（按照《QDD-CRH380B-I2-04-00-001 单辅助变流器检查》要求进行）。

② 清扫完毕后，将磷酸酯类清洁剂喷涂在箱体表面，用无纺布均匀擦拭，清洁铰链和盖板上的警示标志。

（2）悬吊部件检查：

① 箱体支撑框架外观状态良好，无变形、裂纹、开焊、锈迹等。

② 车体两侧底架边梁金属橡胶衬托外观状态良好，无变形、裂纹、扭曲等；螺栓、螺母紧固，防松标记清晰、无错位。如有必要，按照相关的扭矩将螺丝连接拧紧。

（3）箱体检查：

① 箱体电气装置盖板外观状态良好，无变形、裂纹、倾斜、关闭不严等；盖板锁状态良好，无断裂、缺失等，盖板作用良好，旋转无卡滞、异音等；警示标识及铭牌齐全、完整，无翘起、脱落等，缺损的标签必须更换；盖板四周密封条完整，与箱体压紧良好，无缺失、破损、脱出等，破损的密封条必须更换。

② 盖板下折页外观状态良好，无变形、裂纹等，安装螺栓齐全、紧固，防松标记清晰、无错位，如有必要，按照规定的扭矩将螺丝连接拧紧；密封条外观状态良好，无老化、龟裂、破损、脱落等；破损的密封条必须进行更换。

③ 侧面电缆及连接器外观状态良好，电缆保护层齐全、无破损，捆扎牢固，本体无老化、龟裂、烧痕等；与连接器连接紧固，卡箍状态良好，防松标记清晰、无错位。

④ 接地线外观状态良好，无老化、断股、松动、烧痕等；安装螺栓紧固，防松标记清晰、无错位。如有必要，按照规定的扭矩将螺丝连接拧紧。

⑤ 检查电缆接入口线插及电缆线，应外观状态良好，无松动、脱出、烧痕等。

⑥ 进气口侧板外观状态良好，无变形、裂纹、倾斜、关闭不严等；盖板锁状态良好，无断裂、缺失等，作用良好，旋转无卡滞、异音等；警示标识及铭牌齐全、完整，无翘起、脱落等，缺损的标签必须更换；盖板四周密封条完整，与箱体压紧良好，无缺失、破损、脱出等，破损的密封条必须更换。

⑦ 进气口格栅外观状态良好，无变形、裂纹、破损等；螺栓、螺丝齐全、紧固，无松动、脱出、缺失等，防松标记清晰、无错位。如有必要，按照规定的扭矩将螺丝连接拧紧。

4. 恢复作业

（1）拆下接地线，关上维护盖板。

（2）锁闭打开的裙板，用 26 N·m 定扭矩电扳手对裙板锁进行紧固，确认锁闭牢固、到位。清理作业现场。

（3）将断开的单辅助变流器的空开 31-F01 复位。

（4）取下两端司机室故障控制面板蓄电池开关上的"禁动牌"。

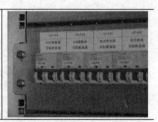

5. 完工确认

作业完毕后，应做到"完工、料净、场地清"。

6. 整理工具物料

1 号、2 号作业者将工具和物料整理齐全，作业区周边卫生干净、无杂物。

7. 办理销号手续

1 号作业者通知工长作业结束。

活动 4.1.3 思考练习

1. 简述 CR400BF 型动车组辅助变流器的功能及作用原理。
2. 简述检查和清洁动车组辅助变流器的作业步骤及质量标准。

【考核评价】

1. 综合评价表（见表 4–2）

表 4–2 综合评价表

序号	考核项目	总分	评分标准	自评分	互评分	教师评分	综合评分
1	时间	20	（1）每超出标定时间 30 s，扣 1 分；超过标定时间 1 min，停止作业，时间项不得分。 （2）压缩时间不加分，成绩相同的按时间排序。				
2	作业过程	20	（1）不按顺序作业，扣 5 分。 （2）未进行辅助变流器检查，扣 5 分。 （3）疑似缺陷处置不当，扣 5 分。 （4）摔掷工具，每次扣 5 分。				
3	作业质量	50	（1）辅助变流器内部检查错误，扣 10 分。 （2）设备参数设置不当，扣 10 分。 （3）当有内部缺陷时，判断错误，扣 20 分。 （4）当零部件有松动、裂纹时，判断错误，扣 20 分。				
4	安全及其他	10	（1）未插设或撤除安全号志，扣 10 分；错设扣 5 分。 （2）作业中违章使用工具，每次扣 1 分；作业完毕后遗漏工具，每件扣 2 分。 （3）作业中碰破出血，扣 5 分；作业过程中受伤不能工作者，全项失格。 （4）未按规定穿戴个人防护用品，扣 2 分。				

2. 教师评价建议

_____

_____

_____

_____

_____

_____

任务 4.2　检查动车组蓄电池

【任务描述】

当 CR400BF 型动车组运行 3 万 km 或 30 d 时，检修人员需依据作业指导书的规范标准，进行动车组蓄电池装置检查作业。通过实训教学，学生需完成以下任务：

① 通电前检查，判断其工作状态是否正常。

② 通电检查，判断其工作状态是否正常。

③ 填写记录单。

在整个作业过程中，应遵循现场工作管理规范。

【学习目标】

知识目标	1. 了解动车组蓄电池的基础知识； 2. 掌握动车组蓄电池的组成及工作原理
能力目标	1. 能识别动车组蓄电池各子模块； 2. 能够进行动车组蓄电池检查
素质目标	1. 培养学生的安全意识； 2. 培养学生的团队协作能力

【导　入】

1. 蓄电池的用途与分类

1）蓄电池的用途

蓄电池俗称"电瓶"，是一种化学电源，其作用原理是靠内部化学反应储存电能或向用电设备供电，属于可逆直流电源。常用的化学电源有原电池和蓄电池两种，如手电筒用的干电池等属于原电池，酸性蓄电池和碱性蓄电池属于蓄电池。

动车组蓄电池的基本用途：起动车辆，提供辅助电源等。

2）蓄电池的分类

根据电极和电解液所有物质的不同，蓄电池一般分为酸性蓄电池和碱性蓄电池。

① 酸性蓄电池：电解液是稀硫酸（浓度为 27%~37%），正极板的活性物质是二氧化铅（PbO_2），负极板的活性物质是绒状铅（Pb），所以酸性蓄电池也叫铅蓄电池。

② 碱性蓄电池：电解液是氢氧化钾（浓度 20%）。

③ 铁镍蓄电池：正极板为氢氧化镍（$Ni(OH)_3$），负极板为铁（Fe）。

④ 镉镍蓄电池：正极板为氢氧化镍（$Ni(OH)_3$），负极板为镉（Cd）。

⑤ 锌银蓄电池：正极板为银（Ag），负极板为锌（Zn）。

动车组主要采用镉镍蓄电池。

2. 蓄电池的基本术语

1）额定容量

额定容量指蓄电池从额定电压放电到终止电压所提供的电能，一般用 C 表示，单位是 A·h。

2）放电率

蓄电池在一定电流下放电所能持续的时间称为放电率。

3）放电最终电压

蓄电池应停止放电并进行充电的电压称为最终电压。

3. 影响蓄电池容量的因素

影响运用中蓄电池容量大小的主要因素有放电率和电解液温度，具体如下：

① 放电电流越大，电池容量越小。

② 电解液温度越低，电池容量越小。

③ 连续放电比间歇放电容量小。

4. 蓄电池的结构

现以比较常用的铅酸蓄电池作为例子，介绍蓄电池的结构。蓄电池由极板、隔板、电解液、外壳组成，如图 4-3 所示。

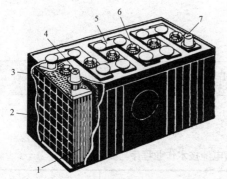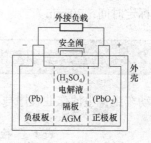

1—极板；2—外壳；3—防护片；4—正极柱；5—联条；6—加液孔盖；7—负极柱

图 4-3　蓄电池的结构

1）极板

组成：栅架、活性物质。

类型：正极板、负极板（负极板比正极板多一块）。

2）隔板

作用：将正极板、负极板隔开，防止短路。

隔板材料：微孔塑料和微孔橡胶隔板（普通）。

3）电解液

作用：在蓄电池的充、放电过程中起到导电的作用。

组成：由纯硫酸和蒸馏水按一定的比例配制而成，配制成的电解液密度一般为 1.24～1.30 g/cm^3。

4）安全阀

作用：排气，使电池内部的压强在规定的范围，通过排出多余气体，使蓄电池能够安全使用。

5）外壳

作用：蓄电池外壳用来盛装电解液和极板组，电池槽由隔板分隔成 6 个（6 V 蓄电池是 3 个）互不相通的单格，底部制有凸起的筋条用来搁置极板。壳体材料应耐酸、耐热、耐冲击、绝缘性好，多采用硬橡胶或聚丙烯塑料制成。

【活 动】

活动 4.2.1　准备工作

1. 安全准备

作业人员应按规定穿戴劳动保护用品。

2. 工具、材料准备

包括定扭矩电扳手、万用表、六角套筒、棘轮扳手、地垫、头灯、毛刷、一字螺丝刀、物料盒等。

3. 技术准备

（1）按作业指导书标准化程序进行作业。

（2）标定时间：20 min。

活动 4.2.2　检查动车组蓄电池作业程序与要求

检查动车组蓄电池作业程序与要求如表 4–3 所示。

表 4–3　检查动车组蓄电池技术作业程序与要求

作业步骤及质量标准	图示
1. 工前准备	
（1）人员准备： 2 名作业者（1、2 号）按规定穿戴个人防护用品（工作服、劳保鞋、安全帽）。 （2）工具、物料状态确认： ① 1 号作业者清点配送的工具，检查并确认定扭矩电扳手校验不超期，定扭矩电扳手扭矩范围符合标准；检查并确认万用表校验不超期，测量范围符合标准。 ② 2 号作业者清点配送的物料。 （3）作业手续办理： ① 工长确认作业车组号及股道正确，受电弓已降下，接触网已断电，接地杆已挂，止轮器已设置，放电完毕后到现场值班室领取无电作业牌，办理无电作业手续。 ② 工长通知 1 号作业者可以开始无电作业。 ③ 打开蓄电池箱安装部位的裙板和底板并对其进行灰尘清理；蓄电池箱裙板、底板上应无杂物、积尘。	

续表

作业步骤及质量标准	图示

2. 拆除底板或裙板

（1）打开底板或裙板：
① 2 号作业者用棘轮扳手、六角套筒（16 mm）逆时针旋转拆除蓄电池相应位置的裙板和底板。
② 1、2 号作业者一起将裙板和底板摆放在规定位置上的地垫上，禁止配件直接放置在地面。

（2）清洁底板：
2 号作业者目视检查裙板和底板并清洁，确认裙板和底板状态良好、清洁无杂物。

3. 蓄电池箱检查及清洁

（1）断开蓄电池接触器：
2 号作业者断开相应车配电盘蓄电池接触器 NFB，断开 0 车列车无线 NFB（TWCN）和列车无线蓄电池用 NFB（TWBatN），确认接触器断合转换良好。

（2）检查蓄电池箱外观及安装状态：
① 1 号作业者检查蓄电池箱外观及安装状态，确认蓄电池箱外观状态良好，悬挂件作用良好，防松标记清晰、无松动，箱内无水渍、无污物。
② 2 号作业者用无纺布清理蓄电池箱，确认蓄电池箱表面清洁、无杂物。

（3）打开蓄电池箱门：
1 号作业者将蓄电池箱门打开，检查并确认蓄电池门吊带及附属配件状态良好。

4. 蓄电池检查及清洁

（1）拉出蓄电池：
1 号作业者轻拉出蓄电池箱，确认蓄电池拉出顺畅、无卡滞。

（2）检查蓄电池：
1 号作业者检查蓄电池，确认蓄电池无破裂、变形、漏液，蓄电池固定良好。

（3）检查接线端子及连接线：
1 号作业者检查接线端子及连接线，确认接线端子无腐蚀、生锈、碰磨，连接线无挤压，连接牢固，当连接线内芯线露出或断线时应更换连接线；检查接触器，应接线牢固、无变色。

（4）检查电解液液面：
1 号作业者检查蓄电池电解液液面（后排刻度线被遮挡时，按照蓄电池上基准线在侧面进行标记，以便于被遮挡蓄电池电解液液面观察），当液面低于最低液面时应进行补液（两个刻度对应最高线和最低线）。
以下情况必须更换蓄电池：
① 蓄电池内进入不纯物或杂质。
② 活性化充放电满足不了规定值。

（5）测量电压：
1 号作业者使用万用表测定蓄电池电压，确认蓄电池在不带负载的情况下总电压不低于 87 V；按下电压表切换开关（VCgS），显示电压表 V3 电压，应为 90 V 以上（118D—大地之间）。

作业步骤及质量标准	图示
（6）清理蓄电池： 2 号作业者用无纺布清理蓄电池及蓄电池箱门吊带，目视确认蓄电池及蓄电池箱吊带表面干净、无积尘。	
（7）检查各部件： 1 号作业者检查蓄电池各部件，当蓄电池液口栓盖的 O 形圈有裂缝或劣化时应进行更换。	
（8）推入蓄电池： 2 号作业者将相应车蓄电池轻轻推入蓄电池箱内，确认蓄电池固定牢固、连接线无挤压。	
5. 恢复裙板或底板	
（1）1、2 号两名作业者安装裙板和底板。 （2）2 号作业者用棘轮扳手、六角套筒（16 mm）按照 25 N·m 扭矩顺时针旋转紧固螺栓，紧固后使用油漆笔涂打防松标记。	
6. 合闭蓄电池接触器	
（1）2 号作业者合上相应车配电盘蓄电池接触器 FB，电压表显示的电压不低于 87 V。 （2）操作司机室配电盘上的应急蓄电池和自复位旋转开关（EVCS），观察应急通风系统是否启动。 （3）正常启动后，再旋转应急蓄电池切除自复位旋转开关。	
7. 完工确认	
1、2 号作业者共同确认： ① 裙板锁闭到位。 ② 底板固定螺栓紧固。 ③ 各标记齐全、清晰。	
8. 整理工具物料	
1 号、2 号作业者将工具和物料整理齐全，作业区周边卫生干净、无杂物。	
9. 办理销号手续	
1 号作业者通知工长作业结束。	

活动 4.2.3 思考练习

1. 简述 CR400BF 型动车组蓄电池的功能及作用原理。
2. 简述检查动车组蓄电池的作业步骤及质量标准。

【考核评价】

1. 综合评价表（见表 4-4）

表 4-4　综合评价表

序号	考核项目	总分	评分标准	自评分	互评分	教师评分	综合评分
1	时间	20	（1）每超过作业时间 30 s，扣 1 分；超过标定时间 1 min 停止作业，时间项不得分。 （2）压缩时间不加分，成绩相同的可按时间排序。				
2	作业过程	20	（1）不按顺序作业，扣 5 分。 （2）未进行蓄电池检查，扣 5 分。 （3）疑似缺陷处置不当，扣 5 分。 （4）摔掷工具，每次扣 5 分。				
3	作业质量	50	（1）蓄电池内部检查错误，扣 10 分。 （2）设备参数设置不当，扣 10 分。 （3）当有内部缺陷时，判断错误扣 20 分。 （4）当零部件有松动、裂纹时，判断错误扣 20 分。				
4	安全及其他	10	（1）未插设或撤除安全号志，扣 10 分；错设扣 5 分。 （2）作业中违章使用工具，每次扣 1 分；作业完毕后遗漏工具，每件扣 2 分。 （3）作业中碰破出血，扣 5 分；作业过程中受伤不能工作者，全项失格。 （4）未按规定穿戴个人防护用品，扣 2 分。				

2. 教师评价建议

_____

_____

_____

_____

_____

_____

_____

_____

任务 4.3　操作动车组塞拉门

【任务描述】

在 CR400BF 型动车组的各种车内设备中，塞拉门是主要设施之一，它不仅为乘客提供了便利，同时也保证了行车安全。因此，检修人员需依据作业指导书的规范标准，进行动车组塞拉门操作，确保塞拉门的正常使用。通过实训教学，学生需完成以下任务：

① 接通电源、开启气路。
② 确认门控器状态。
③ 开关门性能操作。
④ 障碍检测操作。
⑤ 隔离锁性能操作。
⑥ 紧急解锁性能操作。

在整个作业过程中，应遵循现场工作管理规范。

【学习目标】

知识目标	掌握 CR400BF 型动车组塞拉门的机械结构和操作方法
能力目标	能够对 CR400BF 型动车组塞拉门进行开关门试验、进行障碍检测和紧急解锁
素质目标	1. 养成细致、认真的工作作风； 2. 养成自觉、规范执行作业标准的良好习惯

【导　　入】

1. CR400BF 型动车组塞拉门的机械结构

塞拉门主要由门扇、门框、门窗、承载驱动装置、锁闭装置、隔离装置、紧急解锁装置等组成。

1）门扇

门扇采用轻型骨架结构，厚度为 43 mm。门扇夹层内使用具有良好隔音、隔热和阻燃性能的材料。门扇内外侧各设置 1 个扣手；门扇上设置一个机械隔离锁；门扇前部设有内、外两根敏感胶条，门扇上、下和后部设置防尘胶条，并且门扇四周均设有密封胶条；门扇外部设开门按钮，按钮上集成绿色指示灯。

门扇周边的胶条为双层密封胶条，分为内层密封胶条和外层防尘胶条，外层防尘胶条的前端为防挤压胶条，胶条内部装有防挤压开关。密封胶条采用优质橡胶，满足弹性、拉伸强度、耐候性、耐普通清洗剂和耐老化等性能要求。

门扇能够承受 ±6 000 Pa 空气动力负载，同时在门扇中央施加 800 N 的集中载荷，以满足两列列车以 350 km/h 速度相向驶过时空气对门扇产生的应力。门扇结构可以达到在 200 000

个工作循环里承受±2 500 Pa 的强度，并且每 20 个工作循环中有一次强度可以达到±6 000 Pa。

2）门框

门框为整体结构，由铝型材拼焊而成。门框成型后与门扇相匹配，保证车门的密封性能。

3）门窗

门扇上设有门窗，门窗使用安全玻璃。

4）承载驱动装置

承载驱动装置集成了电机、上导轨、端导柱、光杠、丝杠和门携架等部件，具有承载、控制、驱动、导向等功能。

5）门控单元

门控单元（EDCU）是基于信号处理技术，应用于轨道交通车辆的门系统。EDCU 与本车辆的车门有通信连接，还通过车辆总线和列车总线与司机室控制系统连接，其作用是接收和传递本车的车门状态、控制信号。EDcu 装有 4 组输入接口、5 组通信接口、1 个 2 位数码显示管、1 个测试按钮、1 个输入输出状态显示灯。

6）紧急解锁装置

紧急解锁装置包括内紧急解锁装置和外紧急解锁装置。

内紧急解锁装置集成紧急解锁手柄、紧急解锁请求按钮、紧急解锁请求钥匙开关、蜂鸣器。内紧急解锁装置在车辆速度小于 10 km/h 时有效，其操作力不大于 150 N。启动紧急解锁装置启动后能在司机室 HMI 上显示。

外紧急解锁装置不受速度限制，操作外紧急解锁装置能够在切断车门驱动控制的同时实现机械解锁。

2. CR400BF 型动车组塞拉门操作

1）开门操作

按压开门按钮，车门在接收到有效的开门指令后，将按照以下顺序执行开门操作：

① 蜂鸣器激活，进行鸣响。

② 控制指令使得"辅助锁闭锁电磁阀"断电，"主锁解锁电磁阀"通电，进而使辅助锁和主锁解除锁闭状态。

③ 电机驱动车门沿轨道打开车门。

④ 当门到达"开到位"位置时，电机停止运动。

2）关门操作

按压关门按钮，车门在接收到有效的关门指令后，将按照以下顺序执行关门操作：

① 蜂鸣器激活，进行鸣响。

② 电机驱动车门沿轨道关闭车门，并带动主锁锁钩进入二级锁闭状态。

③ 当锁到位开关动作后，电机停止运动。

④ 当锁到位开关、关到位开关指示门已关锁到位后，控制指令指示辅助锁锁闭电磁阀通电，使辅助锁进入锁闭状态。

3）紧急解锁操作

为了在紧急状态下手动开门，每个车门都设有内外紧急解锁装置。操作紧急解锁装置使锁闭装置解锁，并使锁闭装置处的限位开关动作，蜂鸣器将长鸣。

只有当列车速度低于 10 km/h 时，才能进行门的紧急解锁。如果列车速度超过 10 km/h，无论是否转动"紧急操作请求"开关或按压"紧急操作请求"按钮，紧急解锁电磁铁均被通电激活，此时车内紧急解锁装置将无法进行紧急解锁操作。

内部紧急解锁操作包括两个步骤：

① 允许紧急解锁。乘客砸碎"紧急操作请求开关"或"紧急操作请求按钮"外的玻璃保护罩，操作内部的开关或按钮，或者乘务员使用四角钥匙使紧急解锁电磁铁断电（车速必须小于 10 km/h）。

② 扳动紧急解锁手柄，通过钢丝绳进行机械解锁。在紧急解锁手柄释放后，它将返回至起始位置。

4）障碍检测

关门过程中，障碍由下列系统检测：

① 电机电流监控：电机正常关门电流曲线被存储并自动调整，每次关门过程中，如果电机的实际电流超过额定值，障碍检测将被激活。

② 路程/时间监测：门位置传感器通过检测，将门的运动分成若干距离段，如果在给定的时间内门未通过这些距离段，障碍检测将被激活。

③ 敏感边缘监测：障碍撞击到设在门扇边缘的内外敏感边缘时，将产生感应信号，把障碍检测激活。

当 EDCU 检测到车门被障碍阻挡时，立即启动门重新开启功能，大约延时 1 s 后，门将自动关闭。这样的循环将被重复执行 3 次，之后门停止在"开到位"位置，直到障碍被清除。清除障碍后，允许使用本地关门按钮将门再次关闭。

如果"车速>10 km/h 列车线"信号有效，门将会关闭，而不进行障碍检测。

5）门隔离操作

每套客室侧门都设有在客室内外均可操作的车门隔离锁装置，当车门出现故障时，可以将此门隔离掉，而不影响其他门的正常动作。当隔离锁锁闭时，将门设置为非使用状态，此时即使在紧急情况下也无法打开车门。

由于隔离开关可能会出现故障或被误触发，因此当发现车门处于隔离状态时，必须到车门处进行观察，确保车门处于关锁到位状态。

【活　　动】

活动 4.3.1　准备工作

1. 作业前准备

作业前准备时间不超过 3 min，主要工作是清点工具、检查着装等，工作重点如下。

① 个人防护用品的穿戴是否齐备。

② 安全防护措施是否到位。

③ 工具的准备是否到位并能正确使用。

2. 工具准备

工具清单如表 4-5 所示。

表 4-5　工具清单

序号	名称	单位	数量
1	计时秒表	只	1
2	十字螺丝刀	把	1
3	一字螺丝刀	把	1
4	万用电表	台	1
5	四角钥匙	把	1
6	固定扳手	个	2
7	活动扳手	个	1
8	内六角扳手	套	1

3. 技术准备

（1）按作业指导书标准化程序进行作业。

（2）质量符合动车组出库质量标准。

（3）作业时间：20 min。

活动 4.3.2　CR400BF 型动车组塞拉门的操作

 扫描二维码，学习动车组塞拉门操作

CR400BF 型动车组塞拉门操作的作业程序与要求如表 4-6 所示。

表 4-6　CR400BF 型动车组塞拉门操作的作业程序与要求

作业步骤及质量标准	图示
1. 设置作业牌 在工作位置放置作业牌。	
2. 外观检查（无电作业）	
要求： ① 塞拉门门体外观良好，无破损，车窗无损坏。 ② 车门外隔离锁无损坏、缺失。 ③ 开门按钮安装牢固，无损坏、缺失。 ④ 塞拉门四周的密封胶条无破损。 ⑤ 塞拉门紧急解锁手柄无损坏。 ⑥ 客室侧门各部螺栓无松动，防松标记不错位。 ⑦ 接线电缆的连接状态良好，站台补偿组件上部接地螺栓连接可靠，侧立集成组件与主框架下部接地螺栓连接可靠，侧立集成组件与主框架下中部接地螺栓连接可靠，侧立集成组件与主框架中部接地螺栓连接可靠，门架与门扇接地螺栓连接可靠。 ⑧ 气路连接状态良好，压缩空气压力值在规定范围内。	

续表

作业步骤及质量标准	图示
3. 关门操作	
动作：按压关门按钮。 **要求**： ① 门扇运动平稳，不存在卡滞和防挤压状态。 ② 蜂鸣器鸣响声音正常。 ③ 主锁解锁正常，辅助锁解锁正常，门扇到位正常，门控器状态显示正常。 ④ 门正常运动到三分之二开度处踏板翻起，门正常关闭，门状态指示灯正常亮起。	
4. 开门操作	
动作：按压开门按钮。 **要求**： ① 操作闭合按钮关闭车门，在闭合过程中操作内侧开门按钮（感应式），门必须再次打开。 ② 门扇运动平稳，不存在卡滞和防挤压现象，蜂鸣器鸣响声音正常。 ③ 主锁解锁正常，辅助锁解锁正常，门扇到位正常，门控器状态显示正常。 ④ 门正常运动到三分之二开度处踏板放下，门正常打开，门状态指示灯正常亮起。	
5. 障碍检测	
动作：在关门过程中设置障碍。 **要求**： ① 门在关闭过程中，施加一个阻力，障碍检测被激活，然后会施加一个 0.5 s 的关门力，车门完全打开，停止 5 s 后，再次关闭，以便清除障碍。 ② 若仍有障碍，则这一循环将会重复 3 次。若在循环 3 次后门未关到位，门将完全打开，并停止在"开到位"位置。 ③ 通过本地关门按钮重新进行关门操作。	
6. 紧急解锁操作	
动作：按紧急解锁请求按钮，用四角钥匙旋转紧急解锁开关到开位，拉动紧急解锁手柄。 **要求**： ① 当车速小于 10 km/h，才可以经应急装置开门。 ② 当车速大于 10 km/h，或经门扇上的四角钥匙将其手动隔离并锁定时，应急装置不起作用，门不能解锁。 ③ 如果车速降低至 10 km/h 以下，必须在起始位置再次操作紧急解锁手柄。	
7. 隔离锁操作	
动作：用四角钥匙旋转隔离锁，实现锁闭状态。 **要求**： ① 操作隔离锁，门处于被隔离状态，所有运动控制功能无效，保留通信和故障诊断功能。 ② 手动关门至二级状态，使长插销舌端与锁挡间至少保持 8 mm 的搭接量，且保证隔离时能够有效触发隔离开关。	
8. 撤除作业牌	
收拾工具，及时撤除作业牌，并及时通知值班室作业完毕。	

活动 4.3.3　思考练习

1. 简述 CR400BF 型动车组塞拉门的机械结构组成。
2. 简述 CR400BF 型动车组塞拉门的操作步骤。

【考核评价】

1. 综合评价表（见表 4–7）

表 4–7　综合评价表

序号	考核项目	总分	评分标准	自评分	互评分	教师评分	综合评分
1	时间	10	（1）每超过 30 s，扣 1 分；超过标定时间 1 min，停止作业，时间项不得分。 （2）压缩时间不加分，成绩相同的按时间排序。				
2	作业过程	60	（1）未进行外观检查，扣 5 分。 （2）未检查门控器状态，扣 5 分。 （3）未检查空气压力，扣 5 分。 （4）未进行开关门操作，扣 10 分。 （5）未进行障碍检测操作，扣 10 分。 （6）未进行紧急解锁操作，扣 10 分。 （7）未进行隔离锁操作，扣 10 分。 （8）作业程序混乱，扣 5 分。				
3	作业质量	30	（1）外观检查位置漏一项，扣 2 分。 （2）空气压力未调整至规定范围，扣 5 分。 （3）障碍检测时未至自动恢复，扣 5 分。 （4）紧急解锁操作顺序错误，扣 5 分。 （5）隔离锁操作未进行开门试验，扣 5 分。				
4	安全及其他	10	（1）未按规定穿戴个人防护用品，扣 2 分。 （2）发生不安全因素，每处扣 2 分。 （3）工具、仪表使用不当，每次扣 2 分。 （4）损坏、丢失工具、仪表，每项扣 2 分。 （5）安全号志未展开、中途脱落或作业完毕未撤除，扣 2 分。				

2. 教师评价建议

_____

_____

_____

_____

任务 4.4　处理动车组塞拉门的常见故障

【任务描述】

CR400BF 型动车组塞拉门在运用过程中会发生各种故障，因此检修人员需依据作业指导书的规范标准，进行 CR400BF 型动车组塞拉门故障处理作业，确保塞拉门的正常使用。通过实训教学，学生需完成以下任务：

① 插防护红旗。

② 通风、通电。

③ 故障检查及处理。

④ 试验。

⑤ 撤防护红旗。

在整个作业过程中，应遵循现场工作管理规范。

【学习目标】

知识目标	掌握 CR400BF 型动车组塞拉门常见故障处理作业的步骤
能力目标	掌握 CR400BF 型动车组塞拉门常见故障处理作业的操作方法
素质目标	1. 养成细致、认真的工作作风； 2. 养成自觉、规范执行作业标准的良好习惯

【导　入】

1. CR400BF 型动车组塞拉门的工作原理

塞拉门为电控电动门，电控气动锁闭，并采取司机室集成控制，操作人员可在司机室控制门的开关。

1）塞拉门关门动作原理

操作关门时，按压控制面板上的红色关门按钮，触发蜂鸣器发出响声，门控单元（EDCU）发出关门指令，门扇在电机驱动作用下开始关闭，在整个关闭过程中，蜂鸣器响声一直存在，直至门完全关闭。在门关闭的过程中，在即将到达关闭位置时，触动"门关闭98%行程"限位开关，限位开关和门位置信号装置向 EDCU 发送状态信号，在门关闭时限位开关的信号一直存在。

当门到达正确的关闭位置时，触动门锁机械装置，使得主锁的锁舌进入门扇的凹口中且被锁闭。当门关紧并锁闭时，由锁闭凸头旋转轴的上凸轮盘触动"门已关闭并锁闭"限位开关，将"门已关闭并锁闭"信号送给 EDCU，再由 EDCU 控制电磁阀打开，向 2 个气动锁的气缸供气，气动锁将门扇锁闭在关紧状态，实现门压紧功能。其中塞拉门动作所需要的压缩空气压强不能小于 0.45 MPa，当压缩空气压强值大于 0.45 MPa 时，车门可以正常动作。

当门关闭到距门框 600 mm 时，EDCU 控制"关闭站台间隙补偿器"的电磁阀，使站台间隙补偿器缩回和关闭。

2）塞拉门开门动作原理

按压控制操作面板上的绿色开门按钮，蜂鸣器发出响声，EDCU 发出命令，断开 2 个气缸中的空气供应，使得压紧装置解锁，同时向解锁电机 M2 发出解锁信号。

当列车运行速度大于 10 km/h 时，解锁电机处于断开状态，车门将锁闭，开门按钮将不起作用。在紧急情况下，列车具有自动保护功能，不能自由开启列车车门。

3）防挤压原理

门扇前缘装有 2 个相互独立的防挤压感应胶条。如果关门时碰到障碍物，车门将再次打开到完全打开的位置，在开门位置停留 5 s 后再重新关闭。如果障碍物仍然存在，则重复循环，如此循环 5 次，循环 5 次后车门保持打开。重复过程中，车门的关闭功能需被再次激活。

2. CR400BF 型动车组塞拉门的常见故障

1）机械故障

塞拉门的机械故障主要包括固定螺栓松动、安装位置错位等导致的故障。

故障现象： 在通电情况下门不能正常关闭，在到达关闭位置时门反向返回，不能到达二级锁的位置。门完全返回到打开位置后又重新关闭，如此反复 4 次，第 5 次门扇停留在将要关闭的位置，但不能到达完全锁闭的状态。EDCU 上故障指示灯闪烁 2 次。

故障诊断： DCU 上故障指示灯闪烁 2 次，表示故障出于"门关闭并锁闭"限位开关或"门关闭 98% 行程"限位开关。当门运行到即将关闭位置时，没有压缩空气供应，从而不能使门锁闭，出现"防挤压"的状态。出现上述现象，说明"门关闭 98% 行程"限位开关位置存在偏差，导致门关闭到 98% 行程的位置时，没有相应地触发此限位开关，相应的信号没有被激活，导致后续门关闭并锁闭的动作无法实现。因此，门扇在碰到门框时会"认为"是遇到了障碍物，出现"防挤压"的现象。

2）气路故障

导致塞拉门气控单元故障的具体原因可分成以下几点：

① 门控器控制故障造成门无法打开。

② 门控器插头松动造成开门指令无法传输，使门无法打开。

③ 塞拉门胶条润滑不良，导致门无法打开。

④ 塞拉门主锁机构故障，主锁无法解锁，导致门无法打开。

⑤ 上、下气动锁卡滞，锁舌无法及时缩回到位，阻碍门扇动作，导致门无法打开。

⑥ 气控单元内部卡滞，导致车门无法打开。

故障现象： 塞拉门到达关闭位置时气动锁不动作或动作不到位，致使门不能锁住，EDCU 上故障指示灯闪烁。

故障诊断： 塞拉门动作所需压缩空气压强值不能小于 0.45 MPa，如果压缩空气压强值不能满足要求，EDCU 接收到相关信号后，会给出一个保护指令，该保护指令会使门的运动被中断，此时门和站台补偿器可以手动关闭，并机械隔离塞拉门。

注意： 没有压缩空气供应时，关闭的门不再保证压力气密。当压缩空气压强值小于

0.45 MPa 时，门不能达到气动锁锁闭状态。

3）电气故障

（1）解锁电机故障。

故障现象： 门在关闭位置被禁用，不能正常解锁并打开，EDCU 上故障信号指示灯闪烁 3 次。

故障诊断： 故障代码解锁机构故障提示为"需要检查解锁电机"。因为在正常状态下，EDCU 接收到开门信号后，会向解锁电机发送一个用于解锁的 24 V 电压信号，解锁电机对门进行解锁。

（2）站台补偿器故障。

故障现象： 通电并发出关门指令之后，站台补偿器收起到位，门没有动作。同时 EDCU 报代码 96（在规定时间内脚踏未能关闭），EDCU 上故障指示灯闪烁。

故障诊断： 站台补偿器动作，但门没有动作，即 EDCU 没有接收到站台补偿器已经收起的信号。出现上述故障现象，原因是 B11 位置不良，没有感应到站台补偿器收起时活塞在气缸中的位置，从而使 EDCU 收不到此位置的状态信号，关门条件无法满足。

（3）障碍物检测。

故障现象： 车门缩回过程中防夹保护功能被触发。

故障诊断： 电机电流监控超限，激活障碍物探测。在 EDCU 内存储有门驱动电机的电流曲线，如果在门关闭过程中电机电流超过极限值（关门动作不超过 4.5 A），将激活障碍物探测功能，EDCU 控制门扇向打开门方向运动，然后重新进行关门动作，关门过程中连续多次电流超过极限值。

【活　　动】

活动 4.4.1　准备工作

1. 作业前准备

作业前准备时间不超过 3 min，主要工作是清点工具、检查着装等，工作重点如下。

① 个人防护用品的穿戴是否齐备。

② 安全防护措施是否到位。

③ 工具的准备是否到位并能正确使用。

2. 工具准备

工具清单如表 4-8 所示。

表 4-8　工具清单

序号	名称	单位	数量
1	计时秒表	只	1
2	十字螺丝刀	把	1

续表

序号	名称	单位	数量
3	一字螺丝刀	把	1
4	万用电表	台	1
5	四角钥匙	把	1
6	固定扳手	个	2
7	活动扳手	个	1
8	内六角扳手	套	1
9	兆欧表（500 V 级）	只	1

3. 技术准备

（1）按作业指导书标准化程序进行作业。

（2）质量符合运用客车出库质量标准。

（3）标定时间：30 min。

活动 4.4.2　CR400BF 型动车组塞拉门常见故障处理

 扫描二维码，学习动车组塞拉门故障处置

CR400BF 型动车组塞拉门常见故障处理作业程序和要求如表 4–9 所示。

表 4–9　CR400BF 型动车组塞拉门常见故障处理作业程序和要求

作业步骤及质量标准	图示
1. 设置作业牌	
在工作位置放置作业牌。	
2. 检查塞拉门的机械部件安装是否牢固	
检查项目如下： ① 检查塞拉门各部螺安装是否有松动、脱落的情况。 ② 按照防松标记进行对应检查。 ③ 手动检查站台补偿器组件的固定件是否有松动。	

续表

作业步骤及质量标准	图示
3. 检查风源、电源和门控器的状态	
检查项目如下： ① 检查过滤调压阀压力是否在 0.45～0.6 MPa 范围内。 ② 检查电源是否接通、门控器状态是否正常。	
4. 进行塞拉门动作试验，发现故障	
进行塞拉门的动作试验，包括开关门试验、紧急解锁试验、障碍检测试验和隔离锁隔离试验，在试验过程中发现故障。	
5. 处理故障	
切断电源，根据故障现象找出故障原因并做相应处理，包括机械故障、气路故障和电气故障。	
6. 处理完毕确认故障排除	
重新进行各项试验，如果塞拉门能够顺利关闭、打开，说明故障已经排查完毕。	
7. 撤除作业牌	
收拾工具，及时撤除作业牌，并及时通知值班室作业完毕。	

活动 4.4.3　思考练习

1. 简述 CR400BF 型动车组塞拉门的工作原理。
2. 简述 CR400BF 型动车组塞拉门常见故障处理作业的操作步骤。

【考核评价】

1. 综合评价表（见表 4-10）

表 4-10　综合评价表

序号	考核项目	总分	评分标准	自评分	互评分	评分教师	综合评分
1	时间	10	每超时标定时间 30 s，从总分扣 1 分，不足 30 s 按 30 s 计。				
2	作业过程	40	（1）未检查螺栓是否松动，扣 5 分。 （2）未检查站台补偿器组件，扣 5 分。 （3）通风、通电后未检查风压、电压及门控器状态，扣 5 分。 （4）拆卸检查的部件应恢复完好，若未恢复完好，每处扣 5 分。 （5）处理故障过程中不应发生新故障，若发生新故障，每处扣 5 分。 （6）处理完故障后做通风、通电试验检查，未做扣 5 分。 （7）未做到工完、料尽、场地清，扣 5 分。 （8）作业程序混乱，扣 5 分。				
3	作业质量	40	（1）未能检查出螺栓松动，每处扣 2 分。 （2）未能检查出机械故障，每处扣 5 分。 （3）检查塞拉门的电气故障时，带电操作，扣 5 分。 （4）检查塞拉门的电气故障时，重点检查线路连接元器件，包括接线柱、扁插头、航插等，若未能检测出故障点，每项扣 5 分。 （5）漏检一项故障，扣 10 分；回头作业发现故障不算。 （6）发现故障未处理，每件扣 5 分；处理不彻底，每件扣 2 分。				
4	安全及其他	10	（1）未按要求穿戴个人防护用品，扣 5 分。 （2）出现不安全因素，每处扣 5 分。 （3）工具、仪表使用不当，每次扣 2 分。 （4）损坏、丢失工具或仪表，每项扣 2 分。 （5）安全号志未展开、中途脱落或作业完毕未撤除，扣 5 分。				

2. 教师评价建议

_____

_____

_____

_____

任务 4.5　操作和维护动车组集便器

【任务描述】

当 CR400BF 型动车组集便器在运行途中发生故障时，检修人员需依据应急故障处置手册的规范标准，进行应急故障检查作业。通过实训教学，学生需完成以下任务：

① 对集便器装置进行整体检查和分部件检查，判断其工作状态是否正常。

② 填写记录单。

在整个作业过程中，应遵循现场工作管理规范。

【学习目标】

知识目标	1. 了解动车组集便器的基础知识； 2. 掌握动车组集便器的组成及工作原理
能力目标	1. 能识别动车组集便器各子模块； 2. 能够进行动车组集便器维护操作
素质目标	1. 培养学生的安全意识； 2. 培养学生的团队协作能力

【导　入】

1. 概述

为了减少旅客列车对铁路沿线的环境污染，特别是当车速超过 120 km/h 时，车厢体内极易形成负压，造成空气由排污口回流，大量杂物飞入。为防止污物、气味返回车内，保证车内的舒适性，CR400BF 型动车组安装了客车集便器。目前，使用较多的是真空集便器。

2. 集便器的分类

集便器为地面安装式，分蹲式和坐式两种，采用不锈钢便盆，如图 4-4 所示。

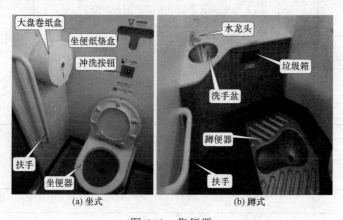

(a) 坐式　　　　　　　　　　　(b) 蹲式

图 4-4　集便器

3. 集便系统的工作原理

动车组卫生系统采用独立控制式真空集便器装置收集污水和污物，工作原理如图 4-5 所示。集便系统主要由污物箱（含中转箱及真空发生器）、便器、水增压器、启动控制单元、电气控制单元、管路等组成。当乘客按下冲洗按钮时，真空发生器将工作，抽走污物箱内的空气，从而产生真空。当污物箱内的真空达到预先设定的程度时（由真空开关感应到），水增压器提供压力水，通过冲洗喷嘴进入便器来冲洗便盆表面。

此后，排污阀打开，污物在负压作用下进入污物箱内，排污阀在预设定时间后关闭（此时间由软件控制）。水增压器再次对便器进行冲洗并在便盆内形成一个小"水洼"。此后，当水增压器被充满水后，系统就再次进入待命状态。

此外，洗手盆内的灰水将流入灰水单元；当灰水单元内的液位被激活时，排污阀打开，灰水被吸入污物箱内。

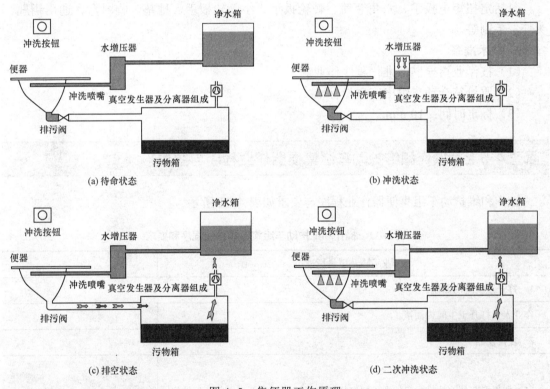

图 4-5　集便器工作原理

集便器冲洗循环分为四个过程，分别是：待命状态、冲洗状态、排空状态、二次冲洗状态。

（1）待命状态。排污阀处于关闭状态，水增压器充满水，污物箱内部为真空状态。

（2）冲洗状态。按下冲洗按钮，系统开始执行冲洗流程。压缩空气进入水增压器，冲洗水在压力作用下对便盆进行一次冲洗。

（3）排空状态。排污阀打开，便器内污物在真空的作用下抽吸到污物箱中，然后排污阀关闭。这个过程中，如果污物箱内真空度低于设定值，系统将启动真空发生器工作以保持箱内真空度，直至真空度达到设定值。

（4）二次冲洗状态。排污阀关闭后，压缩空气进入水增压器，冲洗水在压力作用下第二次冲洗便器。然后水增压器重新注满水，系统进入待用状态。

【活　动】

活动 4.5.1　准备工作

1. 安全准备

作业人员应按规定穿戴个人防护用品。

2. 工具准备

包括定扭矩电扳手、六角套筒、棘轮扳手、小棘轮扳手、地垫、物料盒、通用钥匙、头灯、毛刷等。

3. 技术准备

（1）按作业指导书标准化程序作业。

（2）质量符合动车组出库质量标准。

（3）标定时间：10 min。

活动 4.5.2　操作和维护动车组集便器作业程序与要求

操作和维护动车组集便器作业程序与要求如表 4–11 所示。

表 4–11　操作和维护动车组集便器作业程序和要求

作业步骤及质量标准	图示
1. 打开卫生间内面镜	
作业人员打开卫生间内面镜。	
2. 复位便器	
（1）如果能在便池的排污口处看见堵塞物，按下控制板上"清空便盆"按钮，进行无水冲洗。 （2）如果无效，从洗池内接约 1 L 水倒入便器中，再次按下"清空便盆"按钮，进行无水冲洗。	
3. 维持运行	
如果无效，锁闭卫生间，回库处理。	

活动 4.5.3　思考练习

1. 简述动车组集便器的功能及工作原理。
2. 简述当发生集便器堵塞故障时如何进行处理。

【考核评价】

1. 综合评价表（见表 4–12）

表 4–12　综合评价表

序号	考核项目	总分	评分标准	自评分	互评分	教师评分	综合评分
1	时间	20	（1）每超过标定时间 30 s，扣 1 分；超过标定时间 1 min，停止作业，时间项不得分。 （2）压缩时间不加分，成绩相同的按时间排序。				
2	作业过程	20	（1）不按顺序作业，扣 5 分。 （2）未进行集便器检查，扣 5 分。 （3）疑似缺陷处置不当，扣 5 分。 （4）摔掷工具，每次扣 5 分。				
3	作业质量	50	（1）集便器内部检查错误，扣 10 分。 （2）设备参数设置不当，扣 10 分。 （3）当有内部缺陷时，判断错误扣 20 分。 （4）当零部件有松动、裂纹时，判断错误扣 20 分。				
4	安全及其他	10	（1）未插设或撤除安全号志，扣 10 分；错设扣 5 分。 （2）作业中违章使用工具，每次扣 1 分；作业完毕后遗漏工具，每件扣 2 分。 （3）作业中碰破出血，扣 5 分；作业过程中受伤不能工作者，全项失格。 （4）未按规定穿戴个人防护用品，扣 2 分。				

2. 教师评价建议

_____

_____

_____

_____

_____

_____

任务 4.6　客室空调机组检查及清洁作业

【任务描述】

当 CR400BF 型动车组运行 80 万 km 或 720 d 时，检修人员需依据作业指导书的规范标准，进行空调机组检查及清洁作业。通过实训教学，学生需完成以下任务：

① 客室空调机组综合检查与清洁。

② 客室空调机组各部件检查及清洁维护。

③ 完工检查。

④ 填写记录单。

在整个作业过程中，应遵循现场工作管理规范。

【学习目标】

知识目标	掌握客室空调机组各部件检查及清洁维护的步骤
能力目标	1. 培养学生的动手能力； 2. 掌握检查维护客室空调机组各部件的方法； 3. 培养学生理论与实践相结合的运用能力
素质目标	1. 培养学生提高安全意识、吃苦耐劳的素质； 2. 培养学生形成独立思考、认真负责、勤奋创新的工作习惯； 3. 强化学生社会责任感，培养学生团队合作的精神

【导　　入】

CR400BF 型动车组空调系统由通风系统、空气冷却系统、空气加热系统、空气加湿系统以及自动控制系统 5 部分组成。CR400BF 型动车组客室空调包括两个独立的制冷回路，沿着车辆轴向由风道往客室车厢内分配输入的空气。

客室空调机组安装在车厢顶部，带有四个吊点，用于移动/安装过程中升起机组。新鲜空气和客室车厢内回流空气的混合气体经过机组蒸发段的入口进入机组蒸发腔，然后通过与客室空调机组连接的风道排放进入旅客车厢。

制冷时，客室空调机组通过蒸汽压缩式制冷循环进行制冷。制热时，采用电加热，混合空气（回流空气+新鲜空气）由离心通风机驱动，强制其通过电加热区，空气温度上升，达到制热目的。

列车系统与客室空调系统的电源通过连接器连接，方便客室空调机组的安装和拆卸。所以在进行较重要的部件修理时，客室空调机组可以从车厢顶部拆卸下来。电子控制器设在门廊的控制面板上，它以微处理机为基础，实现温度调节工作模式控制和诊断。而且控制面板有对应个人计算机的接口，使用专用的软件，可以查找和判断客室空调系统的故障，核对故障条件并执行任何可行的操作。温度传感器安装于新鲜空气入口、循环空气入口、客室车厢及毗邻区域，以实现车辆内部温度调节功能。

客室空调机组的电机和压缩机使用 3 AC 380 V/50 Hz 交流电源，而控制电路使用 DC 110 V 电源。

【活　　动】

活动 4.6.1　准备工作

1. 安全准备

① 作业者按规定穿戴个人防护用品。

② 检查确认动车组停放制动已施加。

③ 确认作业计划单中的作业车组号及股道。

④ 作业过程中不能损坏蒸发器、冷凝器翅片。

2. 工具、材料准备

工具、材料清单如表 4–13、表 4–14 所示。

表 4–13　工具清单

序号	名称	规格型号	单位	数量
1	手电筒		个	1
2	风管		个	1
3	绝缘表		个	1

表 4–14　材料清单

序号	名称	规格型号	单位	数量	备注
1	无纺布		块	若干	

3. 技术准备

（1）按照工具清单和材料清单清点工具和材料。

（2）禁止触摸发热部件，断电至少 10 min 以上。

（3）标定时间：90 min。

活动 4.6.2　客室空调机组检查及清洁作业程序与要求

客室空调机组检查及清洁作业程序与要求如表 4–15 所示。

表 4–15　客室空调机组检查及清洁作业程序与要求

作业步骤及质量标准	图示
一、无电作业	
1. 综合检查与清洁	
（1）断开空调系统电源，打开空调机组所有盖板。 （2）检查混合风滤网，如有必要，清洗或更换。 （3）检查空调机组各部件的螺丝和螺栓连接，如有松动请紧固。	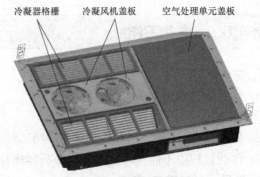 客室空调机组盖板
（4）检查电气部件上螺丝和螺栓的紧固性，如有松动请紧固。	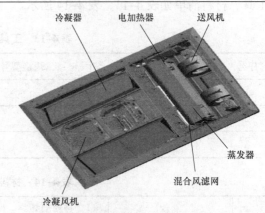 客室空调机组主要部件
2. 检查空调机组框架	
（1）检查框架是否有任何结构损坏。 （2）检查紧固件，应无松动。拧紧任何松动的元件。 （3）查看罩盖上是否有松动的螺栓，拧紧松动的螺栓。 （4）查看排水孔并进行清洁。	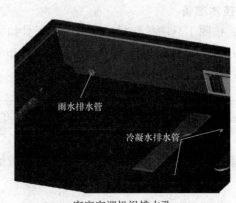 客室空调机组排水孔

续表

作业步骤及质量标准	图示
3. 检查蒸发器 （1）断开空调系统电源。 （2）打开空气处理单元的盖板。 （3）取出混合风滤网。 （4）用压缩空气清洗蒸发器。直接使空气喷射到气流的反方向，或者从吸附大量灰尘的一面吸尘。如果特别脏，使用软毛刷蘸上柔性洗涤剂并轻轻洗刷。 （5）将混合风滤网放置进导轨内。 （6）恢复盖板。	 客室蒸发器清洗
4. 检查冷凝器 （1）断开空调系统电源。 （2）拆下冷凝风机盖板，旋松冷凝器格栅的螺栓。 （3）拆除冷凝器格栅。 （4）用压缩空气清洗冷凝器。直接使空气喷射到气流的反方向或从吸附大量灰尘的一面吸尘。 （5）如果特别脏，使用软毛刷蘸上柔性洗涤剂并轻轻洗刷。	 冷凝风机盖板螺栓　　冷凝器格栅螺栓 螺栓的位置  客室冷凝器清洗

续表

作业步骤及质量标准	图示
5. 检查蒸发风机和冷凝风机 （1）检查安装元件，应无松动。松动时拧紧。 （2）检查电气连接和接线柱是否牢固，松动时拧紧。 （3）将风机叶片吹干净，并用湿抹布进行擦拭。	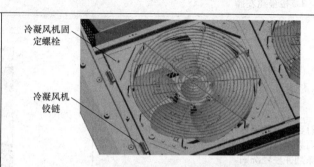 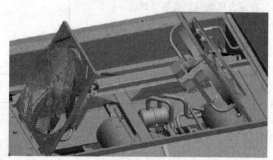
（4）转动风机叶片，检查轴承是否平稳运行。若发现电机有磨损，则更换电机，以防止可能出现的故障。	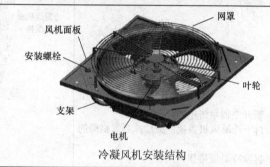 冷凝风机安装结构
6. 检查干燥过滤器 （1）将客室空调和废排装置气动管路阀门关闭。 （2）强制操作几次压力保护阀，排除管路内压缩空气。 （3）分别拆开客室空调蒸发腔盖板和废排装置后端的检修盖板。 （4）在减压阀下方放置容器或吸水棉，避免拆除减压阀集水杯时水流入客室空调或废排装置底部。 （5）将减压阀集水杯按逆时针方向拧开，轻轻向下取出，将水倒掉并将集水杯晾干。	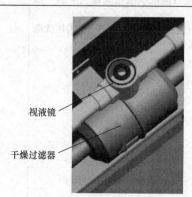 客室空调视液镜及干燥过滤器

续表

作业步骤及质量标准	图示
（6）将旧过滤芯取出，更换上新过滤芯。 （7）重新按顺时针方向将集水杯安装到减压阀上。 （8）安装到位后擦除原防松线并重新画防松线。 （9）打开客室空调和废排装置气动管路进气阀门，强制操作几次压力保护阀，检查减压阀是否漏气。 （10）检查无误后，恢复客室空调蒸发腔盖板和废排装置检修盖板。	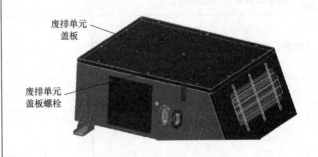 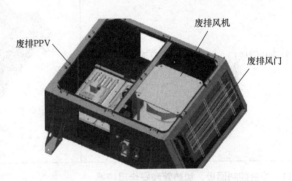 废排单元主要部件

7. 检查压缩机

清扫压缩机表面污垢、灰尘。	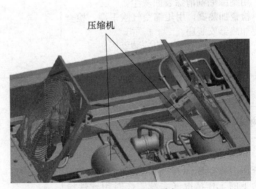 客室空调机组压缩机

8. 检查加热管及温度保护组件

（1）检查加热管表面是否有杂物，用软毛刷清除表面灰尘。
（2）检查温度保护组件是否生锈、是否可以动作并恢复。

作业步骤及质量标准	图示
9. 检查安装硬件和连接器 检查安装硬件和连接器，应无松动。	
10. 检查风门 手动开闭风门，检查动作是否正常。	 回风门 混合箱回风门
11. 检查控制面板、加热管和安全温控器 （1）检查电气连接有无松动，如有松动请紧固。 （2）用绝缘毛刷清除表面灰尘。 （3）检查加热器，用压缩空气吹干净，检查并固定加热器安装座。 （4）检查温控器支架，应安装紧固。	
二、有电作业	
1. 检查压力安全断流开关和压力传感器 检查压力安全断流开关和压力传感器在相应压力下的工作情况（系统工作时用软件检查），更换任何有故障的器件。	
2. 检查风压开关 检查风压开关工作是否正常，失效时进行更换	

作业步骤及质量标准	图示
3. 检查压缩机	
（1）检查压缩机工作是否正常：对于法维莱，正常吸气压力（低）在 0.3 至 0.65 MPa 之间，排气压力（高）在 1.3 至 2.7 MPa 之间；对于新誉、美莱克，正常吸气压力（低）在 0.2 至 0.6 MPa 之间，排气压力（高）在 1.4 至 3.0 MPa 之间。 （2）当低压过低时需检查是否有制冷剂泄漏、制冷管路堵塞、蒸发器通风不畅。 （3）当高压过高时需检查是否制冷管路堵塞、冷凝器通风不畅。	
4. 检查加热器、温度保护开关	
通过软件运行加热器、检查温度保护开关，应动作正确。	
5. 调节风门电机	
调节风门电机，应功能正常。	
三、完工检查	
（1）清理作业现场周边、工具和材料。 （2）确认工装工具齐全并将工具和材料存放在指定位置，作业现场无杂物。	
四、填写记录	
（1）在作业结束后，认真填写作业记录单。 （2）对作业中出现的问题要做好记录，及时反映情况。 **注意：**作业记录不得涂改、乱画，保持作业记录单据整洁，要做到一车一档、统一保管。	

活动 4.6.3　思考练习

1. 简述 CR400BF 型动车组空调系统的组成。
2. 简述客室空调机组检查及清洁作业的操作步骤。

【考核评价】

1. 综合评价表（见表4–16）

表4–16　综合评价表

序号	考核项目	总分	评分标准	自评分	互评分	教师评分	综合评分
1	时间	10	（1）每超过标定时间1 min，扣1分；超过标定时间10 min，停止作业，时间项不得分。 （2）压缩时间不加分，成绩相同的按时间排序。				
2	作业过程	30	（1）不按顺序作业，扣5分。 （2）工具使用不当，扣2分；损坏、摔掷工具和配件，每次扣5分。 （3）工具、材料未收回，每件扣1分。				
3	作业质量	50	（1）分部件检查操作不正确，扣5分。 （2）检查后未进行下一步处理，扣5分。 （3）清洁、紧固、更换等操作不正确，扣5分。 （4）操作不规范，扣5分。				
4	安全及其他	10	（1）未插设或撤除安全号志，扣10分；错设扣5分；中间脱落或未展开，各扣5分。 （2）作业中违章使用工具，每次扣1分；作业完毕后遗漏工具，每件扣2分。 （3）作业中碰破出血，扣5分；作业过程中受伤不能工作者，全项失格。 （4）未按规定穿戴个人防护用品，扣2分。				

2. 教师评价建议

_____

_____

_____

_____

_____

_____

_____

_____

任务 4.7　制冷系统检漏、抽真空及充注制冷剂作业

【任务描述】

在制冷、空调系统的日常维修中，制冷剂泄漏问题非常普遍，掌握制冷系统的检漏、抽真空及充注制冷剂操作技能是对动车组空调维修人员的基本要求。检修人员需依据作业指导书的规范标准，进行空调机组检漏、抽真空及充注制冷剂操作。通过实训教学，学生需完成以下任务：

① 设置防护信号。

② 电子检漏仪检漏。

③ 抽真空作业。

④ 充注制冷剂。

⑤ 制冷剂的排出与重新充注。

⑥ 完工检查。

⑦ 填写记录单。

在整个作业过程中，应遵循现场工作管理规范。

【学习目标】

知识目标	1. 熟练掌握常用的制冷维修工具使用方法； 2. 掌握基本的制冷系统检漏操作技能； 3. 掌握制冷系统抽真空的操作技能； 4. 熟练掌握充注制冷剂的操作技能
能力目标	1. 培养学生的动手能力； 2. 培养学生分析制冷、空调系统泄漏原因的能力； 3. 培养学生理论与实践相结合的运用能力
素质目标	1. 培养学生的安全意识、吃苦耐劳的职业素养； 2. 培养学生形成独立思考、认真负责、勤奋创新的工作习惯； 3. 强化学生社会责任感，培养学生团队合作的精神

【导　入】

1. 制冷系统检漏

对制冷系统进行的气密性试验称为系统检漏（简称检漏）。制冷系统的气密性是衡量制冷装置质量与安装工艺的一个重要指标，因为制冷系统泄漏不仅会造成制冷剂渗出或外界空气进入，影响制冷装置正常运行，还会造成经济损失，污染环境。

制冷系统的泄漏部位，主要发生在蒸发管路和冷凝管路的焊接处及管路弯头处，因为管路焊接不良、安装不当等原因均可引起系统泄漏，也会产生漏洞或裂口。

制冷剂的泄漏程度不尽相同，较轻微的泄漏可引起制冷量不足、低压压力过低、蒸发器

吸热不足等现象；严重的泄漏可造成空调机组制冷不良。若制冷剂漏光，系统中混入空气，压缩机仍运转，则最终会导致压缩机因过热而烧毁。

CR400BF 型动车组以既有 CRH 系列定型技术平台为基础，设计运行时速为 350 km，其中空调供电电源制式为 3AC 380 V（1±10%）/50 Hz（1±5%），控制电源制式为 DC 110^{+25}_{-30}% V。其检漏试验使用电子检漏仪。

2. 制冷系统的抽真空操作

制冷系统在充注制冷剂前必须进行抽真空操作。其目的就是排除制冷系统内的不凝性气体和湿蒸汽。抽真空后制冷系统内残留的气体绝对压力要求不高于 133 Pa。制冷设备在整体打压、保压 24 h 以上并且没有泄漏的前提下，方可进行抽真空操作。

抽真空操作有两种形式，一种是采用真空泵对制冷系统进行抽真空操作，这种形式普遍采用，适用于所有的制冷设备抽真空操作；另一种是采用制冷系统中的压缩机进行抽真空操作，这种方法适用于开启式或半封闭式压缩机制冷系统，操作较为复杂，使用中受到一定的限制。

真空泵从制冷管路中抽取气体，形成真空。真空泵使用的强制泵包括旋转泵和活塞泵。采用真空泵进行抽真空操作的方法又可分三种：低压单侧抽真空、高低压双侧抽真空、二次抽真空。

3. 充注制冷剂

经过检漏、抽真空后的制冷系统即可充注制冷剂。制冷剂的充注量要严格控制，充注量要准确，防止多充或少充。充注制冷剂有以下两种方式。

1）充注气态制冷剂的方式

制冷剂钢瓶直立向上，制冷剂以气态形式充注入制冷系统。其优点是可以防止压缩机出现"液击"事故；缺点是充灌容易混入制冷剂钢瓶中的水分和不凝性气体，气温低时，由于充注时的制冷剂吸收热量，还须给制冷剂钢瓶加热，而且充注时间较长。

2）充注液态制冷剂的方式

将制冷剂钢瓶倒立（即钢瓶阀门向下），这时向制冷系统加入的制冷剂均为液态。液态制冷剂的含水量大大低于气态制冷剂，故充注入系统内的制冷剂含水量、不凝性气体均比直立式要少得多，而且充注速度快了很多。其缺点是：由于充注的是液体制冷剂，尤其对于活塞式压缩机制冷系统来说，容易造成"液击"现象而形成事故。因此采用此方式时最好在停机状态下进行充注，充注后等上数分钟再开启压缩机。

充注制冷剂的方法：

① 定量充注制冷剂法，包括量筒定量充注制冷剂法和电子台秤定量充注制冷剂法。

② 控制低压（表压）充注制冷剂法。

③ 电流测量充注制冷剂法。

④ 综合观察法充注制冷剂法。

由于制冷设备的工作环境、工作状态不同，在维修过程中，压缩机等部件存在一定的离散性。同一铭牌、同一型号的制冷系统，其工作环境不同，表现出的工作特性就不同。所以我们要把已有的各种充注制冷剂方法综合起来进行应用，同时还需通过观察制冷系统主要部件上的温度及结霜等情况，准确地控制充注的制冷剂量。

【活　动】

活动 4.7.1　准备工作

1. 安全准备
① 作业者按规定穿戴个人防护用品。
② 检查确认动车组停放制动已施加。
③ 确认作业计划单中的作业车组号及股道。

2. 工具、材料准备
工具、材料清单如表 4–17、表 4–18 所示。

表 4–17　工具清单

序号	名称	规格	数量	备注
1	红旗		1 面	
2	真空泵		1 台	
3	万用表		1 块	
4	检漏仪		1 套	
5	带表三通阀		1 套	
6	焊枪		1 把	
7	电动扳手或棘轮扳手		1 把	
8	定扭矩电扳手		1 把	
9	兆欧表		1 块	
10	电工工具		1 套	
11	停电警示牌		1 块	

表 4–18　材料清单

序号	名称	规格	数量	备注
1	毛刷		1 把	
2	肥皂水		若干	
3	制冷剂	R–407c	若干	

3. 技术准备
（1）按照工具清单和材料清单清点工具和材料。
（2）作业股道具备地面电源。
（3）标定时间：60 min。

活动 4.7.2　制冷系统检漏、抽真空及充注制冷剂作业程序与要求

制冷系统检漏、抽真空及充注制冷剂作业程序与要求如表 4–19 所示。

表 4–19　制冷系统检漏、抽真空及充注制冷剂作业程序与要求

作业步骤及质量标准	图示
1. 设置防护信号 （1）前往作业股道，设置脱轨器。 （2）在脱轨器上昼间悬挂作业班组牌，夜间悬挂作业班组红灯。	
2. 电子检漏仪检漏 （1）连接电源电缆和探头管线，按下电源开关，电子检漏仪的预热时间约为 30 s（预热时吸入器探尖必须离开测试漏孔的开口，否则内部校准将不起作用，显示误差信息）。 （2）预热完成后，电子检漏仪即发出音响信号，说明仪器进入准备测量状态。探头上的绿色指示灯亮，表示电子检漏仪已做好测量准备。在液晶显示屏上显示已编程的气体类型和漏率测量单位（设定为：14 g/a）。 （3）先将电子检漏仪进行相应的校准，电子检漏仪校准程序如下： ① 可将探尖插入校准孔的开口而不按探头上的键进行校准核查。此时，显示信息将指示校准是否仍然 OK。 ② 漏率显示器上的两个闪光 LED 指示器至左边与右边标志各 100%，如果测量值越出这个标志，将要求再校准。 ③ 按下按键后可立即开始再校验，探尖不必从校准孔的开口移开。 ④ 通过显示器的指示和音响，提示操作人员仪器需要再校准。 ⑤ 在校准过程中探头必须处于静止与平直状态。 ⑥ 用内部测试漏孔校准 HLD5000。 ⑦ 校准 HLD5000 时，按下探头上的按键，将探尖插入仪器前面的校准孔，仪器将自动开始校准过程。 ⑧ 在校准过程中没有必要按住探头上的键，显示器上将显示校准过程中的信息，当校准完成时通知用户。 ⑨ 在校准过程中，探头必须处于静止与平直状态，否则不能完成校准。 ⑩ 在校准过程中，校准孔的开口不能暴露在强的空气流中（例如，来自空调器的气流）。 （4）校准完成后，将探尖尽可能接近测试部位。必要时可与试件接触上（吸入器探尖切勿接触带电部件，试漏前必须将试件与带电部断开，任何情况下均必须避免试件上可能残留的液体进入仪器）。 （5）对制冷系统中所有焊点逐一检测，探尖在被测部位移动速度应不大于 2.5 cm/s，探尖与测试部位距离尽可能小，在探测某特定部位时，应将探尖短暂地停留（至少 1 s）。 （6）如果测量的漏率低于设定漏率，弧形显示器上绿灯亮；如超过设定的漏率，弧形显示器上的黄灯亮，并发出音响警报。	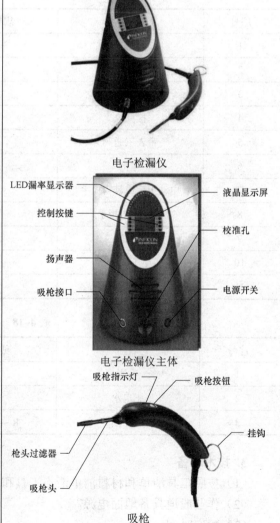 电子检漏仪 电子检漏仪主体 吸枪

续表

作业步骤及质量标准	图示

3. 抽真空作业

（1）用抽气管路将真空泵连接到充注阀或者连接到高压/低压口。

（2）打开高压/低压口。

（3）设置真空值（100 Pa）。

（4）打开制冷系统的电磁阀，以保证空调机组的制冷循环系统导通。

（5）完全打开所有截止阀。

（6）对制冷回路抽气，使之残余压力≤100 Pa。在回路残余压力达到设定值后停止真空泵，保压 10 min，压力变化≤ 500 Pa 为合格，否则对系统进行检漏。

注意：

① 当真空计断开连接的时候空气会进入制冷回路。

② 当操作制冷剂的时候，应一直戴着安全护目镜。

③ 请仅使用在压力下经权威认证的适于再装的制冷剂。

关闭镜　油气管路　停止按钮　启动按钮　刻度盘

真空泵

4. 充注制冷剂

（1）向制冷回路充入氮气。

（2）保持压力不变以进行检漏试验。

（3）抽真空。

（4）通过充注阀将充注设备连接到空调系统。

（5）对充注设备供电。

（6）打开高压阀，如果允许的话，打开机组控制板上的低压阀。

（7）按下 SHIFT/RESET（转换/复位）键，直到显示器上出现"CHG"信息。

（8）按下 CHG（充注）键，并输入要充注的制冷剂的重量。

（9）按下 ENTER 键，显示器将闪烁以指示在机器存储中所记录的充注量。

（10）再次按下 CHG 键，开始充注过程。

（11）当充注完成后，显示器显示信息"CPL"。

（12）停止充注设备运行。

（13）切断充注设备。

注意：

① 只有在正确的抽气之后才能对制冷系统充注制冷剂。

② 应通过有节的柄关闭充注阀。

制冷管路

电机

充注设备

5. 制冷剂的排出与重新充注

（1）通过充注阀或高压口连接复原（重充注）装置到空调机组。

（2）打开充注阀或高压口。

（3）确定控制面板上的高压阀和低压阀都是打开的，同时确定在槽中的两个阀也是打开的。

续表

作业步骤及质量标准	图示
（4）将机组插上正确的电源出口，并合上主电源开关。显示器上显示的"407c"指示充注的是 R–407c 制冷剂。 （5）按下 RECOVER 键。 （6）当制冷回路内部的压力小于 172 kPa 时，复原（重充注）设备停止运行。 （7）确保制冷系统中不再有制冷剂，在 5 min 后重新启动复原装置。 **注意：** ① 如果系统中有部件需要被更换，例如维修冷凝器，则建议此前要完全抽走制冷剂以确保制冷剂不会泄漏到大气中。在其他情况下，不必更换制冷剂。 ② 在抽走制冷剂的时候，辅助管的开口要非常大，以防止润滑油溅散。 ③ 当完成制冷回路中部件更换后，应复原制冷剂。	
6. 完工检查	
（1）清理作业现场周边、工具和材料。 （2）确认工装工具齐全并将工具和材料存放在指定位置，作业现场无杂物。	
7. 填写记录单	
（1）在作业结束后，认真填写作业记录单。 （2）对作业中出现的问题要做好记录，及时反映情况。 **注意：** 作业记录不得涂改、乱画，保持作业记录单据整洁，要做到一车一档、统一保管。	

活动 4.7.3　思考练习

1. 简述充注制冷剂的两种方式。
2. 简述制冷系统检漏、抽真空及充注制冷剂作业的操作步骤。

【 考核评价 】

1. 综合评价表（见表 4-20）

表 4-20　综合评价表

序号	考核项目	总分	评分标准	自评分	互评分	教师评分	综合评分
1	时间	10	（1）每超过标定时间 1 min，扣 1 分；超过标定时间 5 min，停止作业，时间项不得分。 （2）压缩时间不加分，成绩相同时按时间排序。				
2	作业过程	30	（1）不按顺序作业，扣 5 分。 （2）工具使用不当扣 2 分；损坏、摔掷工具，每次扣 5 分。 （3）工具未收回，每件扣 1 分。				
3	作业质量	50	（1）连接制冷剂充注管操作不规范，扣 5 分。 （2）各项操作方法不正确，扣 10 分；操作不规范，扣 5 分。 （3）充注制冷剂量不准确，扣 10 分。 （4）关闭电源，恢复空调机组盖板操作不规范，扣 5 分。				
4	安全及其他	10	（1）未按规定穿戴个人防护用品，扣 5 分；发生破皮出血扣 5 分。 （2）安全号志未展开、中途脱落或作业完毕未撤除，每项扣 3 分。 （3）工具、材料使用不当每处扣 5 分；工具材料遗留在现场，每件扣 1 分。				

2. 教师评价建议

_____

_____

_____

_____

_____

_____

_____

_____

_____

项目 5

CR400BF 型动车组机械设备维护与检修

【项目构架】

CR400BF型动车组机械设备维护与检修

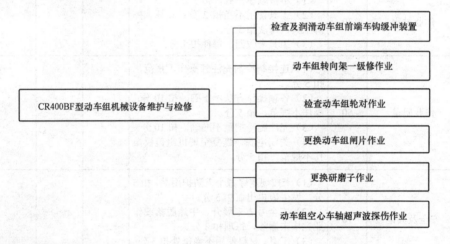

- 检查及润滑动车组前端车钩缓冲装置
- 动车组转向架一级修作业
- 检查动车组轮对作业
- 更换动车组闸片作业
- 更换研磨子作业
- 动车组空心车轴超声波探伤作业

【项目引导】

🔵 目的要求

1. 掌握前端车钩缓冲装置检查及润滑作业的步骤和操作方法。
2. 掌握动车组转向架一级修的作业步骤。
3. 掌握轮对检查作业的步骤及质量标准，掌握轮径测量仪、轮对内距尺的使用方法。
4. 掌握更换动车组闸片的作业程序与要求。
5. 掌握研磨子的拆卸和安装方法，能完成踏面清扫装置功能试验。
6. 掌握空心车轴超声波探伤作业的操作方法。

🔵 重点与难点

重点：

1. 动车组闸片更换作业的操作过程。
2. 动车组机械装置各种运用限度。
3. 各种测量工具的正确用法。

难点：

1. 动车组转向架一级修车底作业和车侧作业的作业内容。
2. 超声波探伤的作业过程。

【项目内容】

任务 5.1　检查及润滑动车组前端车钩缓冲装置

【任务描述】

当 CR400BF 型动车组运行 80 万 km 或 720 d 时，检修人员需依据作业指导书的规范标准，进行前端车钩缓冲装置检查及润滑作业。通过实训教学，学生需完成以下任务：

① 打开头罩。

② 前端车钩缓冲装置整体检查。

③ 分部件检查：机械车钩检查、风管连接器检查、电线检查、接地线检查、压溃管检查、连接卡环检查、对中装置检查、垂向支撑装置检查、连挂间隙检查。

④ 关闭头罩到位后，确认锁闭标识对齐，换端进行检查。

⑤ 完工检查。

⑥ 填写记录单。

在整个作业过程中，应遵循现场工作管理规范。

【学习目标】

知识目标	掌握前端车钩缓冲装置检查及润滑作业的步骤
能力目标	掌握前端车钩缓冲装置检查及润滑作业的操作方法
素质目标	1. 养成细致、认真的工作作风； 2. 养成自觉、规范执行作业标准的良好习惯

【导　　入】

1. 车钩高度调整

车钩结构图如图 5-1 所示。

如果车钩钩头下垂，松开螺母 1 和 2，向车钩上方拧紧左右两只螺栓 3 相同的圈数，直至车钩达到垂直高度范围，重新拧紧螺母 1 和 2。

如果车钩钩头上翘，松开螺母 1 和 2，向车钩下方松动左右两只螺栓 3 相同的圈数，直至车钩达到垂直高度范围，重新拧紧螺母 1 和 2。

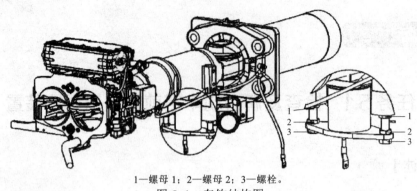

1—螺母 1；2—螺母 2；3—螺栓。

图 5-1　车钩结构图

注意：螺母 1 和螺栓 3 之间拧紧力矩为 190～210N·m。

2. 调整水平对中

按图 5-2 进行调整。

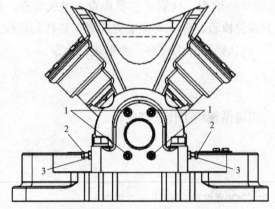

1—锁紧螺栓 1；2—锁紧螺栓 2；3—螺母。

图 5-2　车钩水平对中

用角度尺测量车钩中心线在水平方向的偏转角，如果车钩在自然对中情况下其中心线偏移车体中心线大于 ±0.5°，则需按下述方法调节对中，直至达到要求为止；

① 先松开 4 个锁紧螺栓 1。

② 再松开两个螺母 3。

③ 转动两个螺栓 2，调整车钩水平对中，使车钩与车体中心线保持一致。

④ 调整对中后，拧紧两只螺母 3，再拧紧四个锁紧螺栓 1。

【活　　动】

活动 5.1.1　准备工作

1. 安全准备

① 检查并确认接触网和动车组处于无电状态，动车组停放制动已施加。

② 确认作业计划单中的作业车组号及股道。

③ 做好车辆防溜措施。

④ 作业者按规定穿戴个人防护用品。

⑤ 作业时，注意头罩开闭机构，防止挤伤。

2. 工具、材料准备

工具、材料清单如表 5–1、表 5–2 所示。

表 5–1 工具清单

序号	名称	规格型号	单位	数量
1	手电筒	通用型	个	1
2	硬线或铁丝	通用型	根	1
3	毛刷	通用型	个	1
4	锤子	通用型	把	1

表 5–2 材料清单

序号	名称	规格型号	单位	数量
1	无纺布	通用型	块	若干
2	AUTOL TOP 2000 润滑油	通用型	罐	1
3	检漏剂（或肥皂液）	通用型	瓶	1
4	清洁剂（WEICON S）	通用型	瓶	1
5	清洁剂（LOCTITE 7063）	通用型	瓶	1

3. 技术准备

（1）按照工具清单和材料清单清点工具和材料。

（2）CR400BF 型动车组长编组头罩开闭机构为手动打开。

（3）标定时间：30 min。

活动 5.1.2 检查及润滑动车组前端车钩缓冲装置作业程序与要求

 扫描二维码，学习动车组前端车钩缓冲装置检查及润滑

检查及润滑动车组前端车钩缓冲装置作业程序与要求如表 5–3 所示。

表 5–3　检查及润滑动车组前端车钩缓冲装置作业程序与要求

作业步骤及质量标准	图示
1. 开头罩 打开头罩。	
2. 整体检查 （1）目视检查：机械车钩、缓冲装置及安装吊挂装置无裂纹、变形，螺栓紧固无松动，弹簧无变形、断裂，橡胶件无老化、变形、龟裂。 （2）使用压缩空气、毛刷和抹布进行彻底清洁。 （3）若表面油漆损伤，按以下流程进行修复： ① 将连挂组成置于维修位置。 ② 喷涂清洁剂 WEICON S 并等待发生反应。 ③ 使用无润滑脂的抹布擦拭表面。 ④ 如有必要，重复以上步骤。 ⑤ 用砂纸清除残余油漆。 ⑥ 用清洁剂清洁待修复部位。 ⑦ 修复油漆。 ⑧ 涂一薄层底漆，干燥后涂一薄层面漆。	
3. 分部件检查 **1）机械车钩检查** （1）排水孔检查：检查拉簧配合情况，更换损坏的弹簧。 （2）导向杆安装牢固、良好。 **2）风管连接器检查** 使用肥皂液/检漏液检查风管连接端面是否存在泄漏，如有必要，重新紧固或更换橡胶密封件。 **3）电线检查** （1）检查电线是否破损，如有破损，须进行更换。 （2）检查电线是否紧固良好，如有松动，须进行紧固。 **4）接地线检查** 检查接地线与车体连接处是否紧固良好。如有松动，须进行紧固。 **5）压溃管检查** 检查压溃管是否触发，如果触发指示红色销折弯或消失，须更换压溃管。 **6）连接卡环检查** 检查螺栓防松标记，如果松动，需要更换整套紧固件，重新紧固，螺栓紧固扭矩为（300±30）N·m。 **7）对中装置检查** 水平和重直转动车钩（功能检查）。	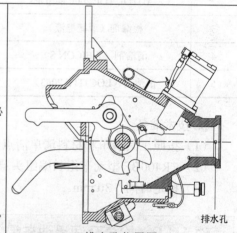 排水孔 排水孔位置图  触发指示 触发指示位置

续表

作业步骤及质量标准	图示
8）垂向支撑装置检查 （1）检查垂向支撑装置底座紧固程度，如有松动，须紧固。 （2）用一根硬线打开排水孔。 （3）测量车钩距离轨面的高度，如有必要，进行调整。 　**要求：** 头车车钩中心线到轨面高度范围应为 $1\,000^{+10}_{-25}$ mm。检查时应对车钩高度拍照。车钩钩头左右偏转角度不大于 1°（钩头立面两侧高度差不超过 8 mm）。如果钩高超出允许范围则应调节。 **9）连挂间隙检查** （1）使用检测量规检测，检测前彻底清洁车钩表面、凸锥和凹锥以及连挂组成零件。（若无该项设备，可取下车上过渡车钩模块，实际连挂进行检查，操作过程中应防止部件丢失，操作完成后恢复原位）。 （2）分别将状态指示装置主体、连挂杆、连挂杆销轴及把手从保存箱中取出待用，首先将状态指示装置右侧旋转把手顺时针旋转，使部件位于状态指示装置的最左侧。 （3）将状态指示装置主体装于车钩连挂面及凸锥上，在状态指示装置上磁钢的吸力作用下，即使不再把持，状态指示装置也不会掉落。 （4）将连挂杆单柱侧插入钩舌的钩口内，另一侧通过连挂杆销轴及把手与状态指示装置上的孔相连。 （5）逆时针转动状态指示装置右侧旋转把手，直至感觉到状态指示装置与 10 型车钩的连挂杆及对方钩舌已充分接触（即状态指示装置与 10 型车钩已连挂），连挂后不能再用较大力气转动旋转把手，以避免检查结果失真，此时检查指示轴上面的刻度，如果刻度标志处于支撑架上面"合格"标记范围内（上下两条刻度线左侧），则表示车钩处于公差范围内。如果刻度标志处于"不合格"标记范围内（上下两条刻度线右侧），则表示 10 型车钩超出公差范围，必须对 10 型车钩进行修理，更换磨损的零件。	
4. 换端 关闭头罩到位后，确认锁闭标识对齐，换端进行检查。	
5. 完工检查 （1）清理作业现场周边、工具和材料。 （2）确认工装工具齐全并将工具和材料存放在指定位置，作业现场无杂物。	
6. 填写记录 （1）在作业结束后，认真填写作业记录单。 （2）对作业中出现的问题要做好记录，及时反映情况。 **注意：** 作业记录不得涂改、乱画，保持作业记录单据整洁，要做到一车一档、统一保管。	

活动 5.1.3　思考练习

1. 简述车钩高度调整的方法。
2. 简述检查及润滑动车组前端车钩缓冲装置作业的操作步骤。

【考核评价】

1. 综合评价表（见表5-4）

表5-4　综合评价表

序号	考核项目	总分	评分标准	自评分	互评分	教师评分	综合评分
1	时间	20	（1）每超过标定时间 30 s，扣 1 分；超过标定时间 1 min，停止作业，时间分不得分。 （2）压缩时间不加分，成绩相同时按时间排序。				
2	作业过程	20	（1）不按顺序作业，扣 5 分。 （2）工具使用不当，扣 2 分；损坏、摔掷工具和材料，每次扣 5 分。 （3）工具、材料未收回，每件扣 1 分。				
3	作业质量	50	（1）表面油漆有损伤，未进行正确修复，扣 10 分。 （2）分部件检查操作不正确，扣 10 分。 （3）车钩高度范围不正确，扣 5 分。 （4）连接间隙检查不正确，扣 5 分。				
4	安全及其他	10	（1）未插设或撤除安全号志，扣 10 分；错设扣 5 分；中间脱落或未展开，各扣 5 分。 （2）作业中违章使用工具，每次扣 1 分；作业完毕后遗漏工具，每件扣 2 分。 （3）作业中碰破出血，扣 5 分；作业过程中受伤不能工作者，全项失格。 （4）未按规定穿戴个人防护用品，扣 2 分。				

2. 教师评价建议

_____

_____

_____

_____

_____

_____

_____

_____

_____

任务 5.2　动车组转向架一级修作业

【任务描述】

当 CR400BF 型动车组运行（7 000+700）km 或运用 48 h 时，检修人员需依据作业指导书的规范标准，进行动车组一级修作业。一级修作业小组有 4 名作业人员（①、②、③、④号），其中①、②号负责车内设施、司机室设备、车载信息系统、车顶设备检查及相关性能试验，③、④号负责车体、裙板、底板、转向架、钩缓连接、制动、车端连接等下部检查。通过动车组转向架一级修作业实训教学，学生需完成以下任务：

① 动车组转向架一级修车底作业。

② 动车组转向架一级修车侧作业。

③ 填写记录单。

在整个作业过程中，应遵循现场工作管理规范。

【学习目标】

知识目标	掌握动车组转向架一级修的作业步骤
能力目标	掌握动车组转向架一级修的操作方法
素质目标	1. 养成细致、认真的工作作风； 2. 养成自觉、规范执行作业标准的良好习惯

【导　入】

1. 人员分工

动车组转向架一级修作业需要 3 个人共同操作：

① ③、④号作业者在地沟检查时以车底中心线为界，按照分工各自检查一侧设备，检查驱动装置齿轮箱时，与齿轮箱连接的牵引电机归齿轮箱检查侧作业人员检查。

② ③、④号作业者地沟作业，前后间隔不超过 3 m。

③ 中心线部位处需检查部件，③、④号作业者均需检查。

④ 车侧作业时，由①号作业者确认动车组供电正常，防护号志已插设，并通知③、④号作业者进行车体两侧作业。由③、④号作业者一人一侧同时进行车体两侧作业。

2. 检修线路

图 5-3 为③、④号作业者的车底和车侧检修线路。

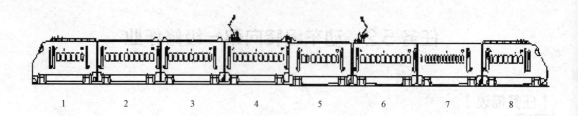

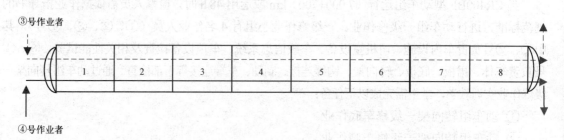

(a) 地沟作业

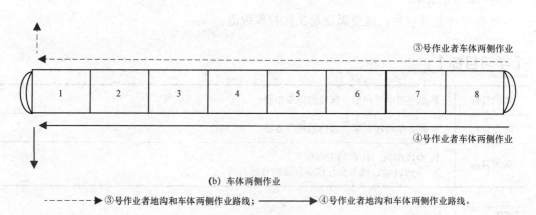

(b) 车体两侧作业

------▶③号作业者地沟和车体两侧作业路线；─────▶④号作业者地沟和车体两侧作业路线。

图 5-3 作业线路

【活 动】

活动 5.2.1 准备工作

1. 安全准备

① 确保受电弓不与高压线相连接，接触网已断电，接地杆已挂。

② 确认动车组停放制动已施加。

③ 确认底板安装螺栓无松动、无缺失，防松标记清晰、无错位。

④ 作业人员按规定穿戴个人防护用品。

2. 工具、材料准备

③号作业者：数字化手电、对讲机、钢板尺、四角钥匙、防松记号笔、清洁布、粉笔、

工作手册。

④**号作业者**：数字化手电、钢板尺、四角钥匙、防松记号笔、清洁布、粉笔、工作手册。

3. 技术准备

（1）作业开始前通知工长。

（2）标定时间：20 min。

活动 5.2.2　动车组转向架一级修作业程序与要求

扫描二维码，学习动车组转向架一级修

动车组转向架一级修作业包含车底作业和车侧作业两部分。具体作业程序与要求如表 5-5、表 5-6 所示。

表 5-5　动车组转向架一级修车底作业程序与要求

作业步骤及质量标准	图示
1. 轮对、制动盘	
1）轮对踏面（目视、登台、测量） ① 轮对踏面圆周磨耗、踏面局部凹入及擦伤深度、轮缘厚度、踏面剥离、轮辋辗宽等不超限。 ② 降噪板外观完整、无脱落；轮缘的尖部或内侧无压痕、划痕。 ③ 车轮表面任何部位不得有裂纹。 **2）轮辋（目视、登台）** ① 轮辋裂纹等缺陷不超限。 ② 目视检查轮辋，发现异物、油迹及反光标示应及时清除。 **3）轮缘（目视、登台）** ① 轮缘的尖部或内侧无压痕、划痕。 ② 轮缘高度、厚度不超限。 **4）撒砂线缆捆绑（目视）** 撒砂线缆扎带捆绑良好（线缆为 4 段时，每段一个扎带，右侧上图框内是管线卡子，共 4 根扎带。线缆为 3 段时，中间一段 3 个扎带，两端各一个扎带，共 5 根扎带），如右侧下图所示。 **要求**：撒砂线缆管线卡子良好，安全吊索无裂损、作用无失效、悬挂良好，螺栓无缺失、松动。	 管线卡子  缆线为 3 段时

续表

作业步骤及质量标准	图示

轮装制动盘

5）轮装、轴装制动盘（目视、登台）

安装螺栓牢固、无丢失，定位环无缺失，摩擦环划痕、裂纹、偏磨不到限，盘面无圆周印痕。

要求： 制动盘摩擦环厚度≥66 mm。制动盘摩擦环表面刮伤≤1 mm。制动盘摩擦环凹陷磨耗＜1 mm。制动盘摩擦环倾斜磨耗≤1 mm。制动盘两摩擦环厚度差≤2 mm。

6）轴身（目视）

空心轴防护涂层无碎裂、脱落。检查时禁止使用小木槌敲击。

7）车轮注油孔螺栓（目视）

车轮注油孔螺栓无松动、丢失。

轴装制动盘

2. 闸片及安装托架

闸片检

1）闸片（目视、测量）

① 闸片厚度不超限，闸片不反装，闸片无掉块、破损，闸片与制动盘间隙为3～6 mm，闸片最薄处≥5 mm（含钢背厚度）；

② 闸片安装牢靠，锁簧锁闭到位，闸片无脱落风险，开口销无裂损，上端开口角度180°。

2）闸片托（目视）

① 闸片托外观状态良好、无断裂；安装牢固，螺栓无松动。

② 闸片托防翻转机构安装牢固，无变形、折断。

③ 制动盘摩擦片表面裂纹及厚度不超限，各螺栓安装牢固，防松标记无错位，扎带无脱落、断裂。

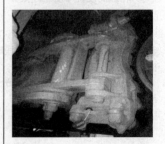

闸片托防翻转机构

作业步骤及质量标准	图示
3）制动夹钳（目视） ① 制动夹钳装置配件齐全，状态良好；悬吊部件齐全、无裂纹，各连接销轴无断裂；安装螺栓紧固、无松动，防松标记无错位，扎带无脱落、断裂。 ② 冬季动车组入库热水除冰后，需检查夹钳活动部位的润滑脂，若缺少润滑脂，须重新注入。 **4）空气管路（目视）** 检查确认压缩空气接口在设备上的位置正确，无漏风；制动软管无严重损伤，无漏风。 **5）制动梁（目视）** ① 制动梁无弯曲、变形和腐蚀。 ② 制动缸安装座无腐蚀，组装螺栓无异常。 **6）制动管路（目视）** ① 制动管路系统无泄漏。 ② 管路固定牢固，无磨损、损伤。 ③ 管路固定管卡安装牢固，紧固件无缺失，防松标记无错位。 ④ 制动软管外层保护套无裂损。	 制动夹钳  安装螺栓
3. 制动缸	
1）常用制动缸（目视） ① 常用制动缸、悬吊架、闸片托无裂损、变形。 ② 2 条制动缸吊装螺栓、2 条制动缸悬吊架吊装螺栓、2 条闸片托吊装螺栓、4 条制动缸固定螺栓无缺失、松动，防松标记无错位。 ③ 防尘套无破损。 ④ 管接头无松动，防松标记无错误。 ⑤ 制动风缸排风堵无破损、缺失，扎带无脱落、断裂。 **2）停放制动缸（目视）** ① 停放制动缸、悬吊架、闸片托、挡板无裂损、变形。 ② 2 条挡板安装螺栓、2 条制动缸吊装螺栓、2 条制动缸悬吊架吊装螺栓、2 条闸片托吊装螺栓、4 条停放制动缸固定螺栓无缺失、松动，防松标记无错位。 ③ 防尘套无破损。 ④ 管接头无松动，防松标记无错位，2 条扎带无断裂、松动。	 制动缸
4. 附件	
1）牵引拉杆（目视） ① 中心销各部无机械损伤，安装固定良好，无裂纹、变形等。 ② 4 条螺栓安装牢固，防松标记无错位。 ③ 牵引盘、连杆、牵引拉杆橡胶节点、压板无损伤，无裂纹、变形等。 ④ 牵引拉杆组件、牵引平衡器及牵引杆无变形、裂纹；4 条安装螺栓无松动，防松标记无错位。	 牵引拉杆

续表

作业步骤及质量标准	图示
2）供风管路（目视） ① 底架管线无泄漏、破损，管接头无松动（防松线无窜动），管卡紧固无丢失、松动。 ② 防滑单元及保护罩安装牢固，无变形，连接管线无泄漏。	 供风管路
3）中心销（目视） 中心销各部件无机械损伤，安装固定良好，各部螺栓安装牢固，防松标记无错位。	 中心销

5. 驱动装置

作业步骤及质量标准	图示
检查齿轮箱（目视、登台、标记）： ① 在空车且停车状态（运行停止后，经过 20 min 以上）下检测齿轮箱油量，保证齿轮箱油位处于正常刻度范围内；齿轮箱润滑油无发黑、乳化现象；悬吊配件齐全，安装牢固。温度传感器探头安装紧固。 ② 油位视窗安装牢固；油位处于正常刻度范围内，齿轮箱油无变色、浑浊乳化等异常；配线连接良好、无破损；橡胶弹簧无裂纹。	 检查齿轮箱油
③ 观察孔油堵无松动，防松标记无错位；密封铜垫无裂损；观察孔油堵处无油迹；注/排油口盖（戚墅堰）螺栓紧固良好，注/排油堵紧固到位，防松铁丝无松脱、断裂。	 检查观察孔油堵
④ 齿轮箱外观状态良好，箱体无裂损、漏油，大小齿轮箱可见安装螺栓及工艺堵紧固无松动、缺失。 **注意：** ① 对油位进行数字化手电拍照留存（需包含标记）。 ② 检修完毕，在视窗左侧擦去原有检修日期并涂打新的检修标记（车厢号–车轴位数）。	

作业步骤及质量标准	图示

6. 齿轮箱电机

1）安全提吊（目视）
① 齿轮箱安全提吊安装紧固、不变形。
② 各部件齐全，无明显的机械损伤、松动。
③ 螺栓无松动，防松标记无错位。
④ 开口销作用良好、无裂损。

2）接地装置（目视、登台）
① 接地装置和碳刷外观及安装状态良好：接地端子无裂纹；螺栓防松标记无错位；接地线无松动；壳体安装螺栓防松标记清晰、无错位。
② 通过观察窗检查碳刷磨耗和压紧状态：电刷长度符合限度要求。

检查碳刷

3）联轴节（目视、登台）
① 联轴节外观状态良好、无裂纹、无变色、无漏油。
② 可视固定螺栓无松动、断裂，防松标记无错位。
③ 对联轴节外观状态拍照。

4）牵引电动机（目视）
① 牵引电动机组成部件无明显的机械损伤，电机位移止挡无异常碰撞迹象。
② 各部件配件齐全、螺栓安装牢固。
③ 防护挡板状态良好，安装螺栓无松动，防松标记无错位。
④ 检查牵引电动机无冷凝水。

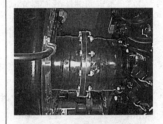

5）电机安装（目视）
① 牵引电机弹性节点无异常开裂、脱胶现象。
② 电机单元减振器橡胶节点无异常开裂脱胶。
③ 悬吊螺栓紧固到位、无松动，防松标记无错位。

6）电源线及安装座（目视、登台）
① 各电源线外观良好、无破损，接头连接良好，无脱开、松动。
② 传感器接线状态良好。

7）牵引电动机通风道（目视、登台）
① 电动机通风组无明显的机械损伤、松动或缺失部件。
② 牵引电动机上方橡胶通风管道无破损，可视固定螺栓安装牢固、无松动。

8）电机注油帽（目视）
电机注油帽无脱落、丢失，安装牢固。

电机注油帽

表 5-6　动车组转向架一级修车侧作业

作业步骤及质量标准	图示
1. 车轮 （1）踏面（目视、执行四必作业法）：踏面局部凹陷及擦伤深度、踏面剥离不超限。 （2）轮缘（目视、执行四必作业法）：轮缘的尖部或内侧无压痕、划痕，轮缘厚度≥26 mm，车轮卷边≤5 mm。 （3）轮辋（目视、执行四必作业法）：轮辋裂纹等缺陷不超限。 （4）制动盘（目视、执行四必作业法）：可视安装螺栓牢固、无丢失；摩擦环无划痕、裂纹，偏磨不到限；盘面无圆周印痕。 注意： ① 试验型动车组制动盘摩擦环厚度≥70 mm（轴盘），制动盘摩擦环厚度≥43.5 mm（轮盘单侧）。 ② 批量型动车组制动盘摩擦环厚度≥66 mm。 ③ 制动盘摩擦环表面刮伤≤1 mm，制动盘摩擦环凹陷磨耗＜1 mm，制动盘摩擦环倾斜磨耗≤1 mm，制动盘两摩擦环厚度差≤2 mm。 （5）降噪涂层（目视）：降噪涂层无脱落、开胶现象。	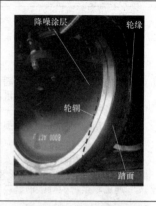
2. 轴箱装置 **1）一系垂向减振器（目视、手检）** ① 一系垂向油压减振器无漏油，外观状态良好；减振器座无裂纹，上下各两条安装螺栓无松动或缺失，防松标记清晰、无错位。 ② 手触检查减振器上部金属护套，用手推拉无明显晃动。 **2）轴箱弹簧（目视）** 轴箱弹簧无机械损伤、油漆缺损、标签丢失、窜动等现象。 **3）轴箱弹簧橡胶堆（目视）** 轴箱弹簧橡胶堆表面裂纹深度不大于 2 mm，金属粘接边缘裂纹深度不大于 3 mm，裂纹长度不大于 20 mm。 **4）轴箱转臂（目视）** 轴箱转臂及转臂箍无明显机械损伤。 **5）轴箱（目视、手检）** 轴箱、轴端盖无机械损伤、裂缝、变形，轴端盖 12 条安装螺栓、轴箱下部 4 条安装螺栓及垫片无松动或缺失，防松标记清晰、无错位。 **6）轴箱定位拉杆（目视、手检）** 轴箱定位拉杆外观状态良好，连接片无明显损伤，2 条安装螺栓无松动或缺失，防松标记清晰、无错位；紧急锁扣无明显损伤。 **7）橡胶节点（目视）** 橡胶节点外观状态良好，4 条安装螺栓及垫片无松动或缺失，防松标记清晰、无错位。 **8）轴端接地包（目视、手检）** ① 轴端接地包外观状态良好、无裂纹，6 条安装螺栓防松标记清晰、无错位，安装座无裂损。 ② 接地线线束无破损、压痕，接头及卡箍安装牢固，无松动、移位。 ③ 对接地轴端状态拍照。 **9）轴箱端盖（目视、手检）** ① 轴箱端盖无机械损伤、裂缝、变形，6 条安装螺栓无松动或缺失，防松标记清晰、无错位。 ② 对轴端状态拍照。	 一系垂向油压减振器  轴箱弹簧  轴端接地包  轴箱端盖

续表

作业步骤及质量标准	图示

3. 转向架构架（目视）

转向架构架要求如下：
① 转向架构架外观良好，无明显机械损伤、化学损伤和热损伤。
② 焊接部件无裂纹、缺失。
③ 安装管路外观良好、无破损，安装牢固。
④ 应急横向止挡无损伤。
⑤ 4 条安装螺栓无松动或缺失。
⑥ 防松标记清晰、无错位。
⑦ 各铭牌和标签安装牢固。

4. 附件

1）接地线（目视）
① 接地线组成无机械损伤、损坏、断裂、断股、缺失、腐蚀、严重磨损以及严重变形等现象。
② 接地线端子无裂痕，如有需更换。
③ 接地线两端的安装螺栓无松动、缺失。
④ 防松标记无错位。

2）列车管（目视、耳听）
① 保护套无破损，风管无漏风，管接头防松标记无错位。
② 安装螺栓无缺损。
④ 管路相互间无抗磨，卡子螺栓紧固。

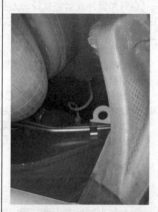

检查接地线

3）传感器（目视、手检）
① 温度、速度、加速度传感器接线外观状态良好、无破损，接线无裸露，卡具齐全，卡座外观良好、无裂纹。
② 传感器安装牢固，安装螺栓防松标记无错位。

检查传感器

4）接线插头（目视）
接线插头插接牢固、无松动，外观良好。

检查接线插头

续表

作业步骤及质量标准	图示
5. 二系悬挂	

1）抗侧滚扭杆（目视）

抗侧滚扭杆及枕梁安装座无损伤、变形，固定螺栓无松动、缺失，防松标记无错位。

2）抗侧滚扭杆下连杆（目视）

① 抗侧滚扭杆下连杆无裂纹、无变形，关节轴承外观状态良好。

② 抗侧滚扭杆下连杆 2 条螺栓、下关节处 2 条螺栓安装牢固，防松标记无错位。

3）二系垂向减振器（目视）

① 减振器无漏油，外观状态良好。

② 减振器座无裂纹，上下各两条安装螺栓无松动或缺失，防松标记清晰、无错位。

4）空气弹簧胶囊（目视、手检）

空气弹簧外观状态良好、无漏风，帘布无外露，帘线无破损，表层无鼓包，内表面与紧急簧外圈金属无接触摩擦，划伤裂纹长度不超过 20 mm 或面积不超过 25 mm²，划伤不得致帘线外露。

5）应急橡胶堆（目视）

表面裂纹深度不大于 2 mm，裂纹长度不大于 20 mm；橡胶和金属粘接无脱胶。

6）安装座（目视）

安装座固定螺栓无缺失，防松标记无错位。

7）抗蛇行减振器（目视、手检、标记）

① 抗蛇行减振器无漏油，外观状态良好。

② 手触检查两端各 2 条安装螺栓，应无缺失、裂损，防松标记无错位；减振器座无裂纹。

③ 检修完毕后在减振器主体上擦去原有检修日期并涂打新的检修日期（车号–车厢号–日）。

④ 在减振器上涂打检修日期后拍照。

⑤ 抗蛇形减振器安装座固定螺栓紧固良好、无松动。

| **6. 自动过分相装置** | |

1）自动过分相装置（目视）

① 感应接收器无明显的机械损伤。

② 底部 2 条固定螺栓与垫片齐全，无缺失、裂损。

③ 防松标记清晰、无错位。

④ 感应接收器距轨面高度：90～120 mm。

2）自动过分相装置安装座与垫片（目视）

① 4 条固定螺栓与垫片齐全，无缺失、裂损。

② 防松标记清晰、无错位。

3）挡板（目视）

① 每个挡板 2 条安装螺栓无缺失、裂损。

② 防松标记清晰、无错位。

③ 橡胶挡板无缺失、损坏。

4）自动过分相固定线卡（目视）

① 线卡无松动、裂损。

② 2 条螺栓无缺失、裂损。

③ 防松标记清晰、无错位。

7. 完工清理	
清点工具，确保工具、物料与领出一一对应。	
8. 填写记录单	
按规定及时填写记录单，质检员、技术员做好签字确认。	

活动 5.2.3 思考练习

1. 简述动车组转向架一级修的操作步骤。
2. 简述一级检修作业小组的人员构成及分工。

【考核评价】

1. 综合评价表（见表 5–7）

表 5–7 综合评价表

序号	考核项目	总分	评分标准	自评分	互评分	教师评分	综合评分
1	时间	20	（1）每超过标定时间 30 s，扣 1 分；超过标定时间 1 min，停止作业，时间项不得分。 （2）压缩时间不加分，成绩相同时按时间排序。				
2	作业过程	20	（1）不按顺序作业，扣 5 分。 （2）丢项，扣 5 分/项。 （3）工具使用不当，扣 2 分；损坏、摔掷工具，每次扣 5 分。 （4）工具未收回，每件扣 1 分。				
3	作业质量	50	（1）错装、漏装配件，每处扣 5 分。 （2）限度超限，扣 5 分/项。				
4	安全及其他	10	（1）未插设或撤除安全号志，扣 10 分；错设扣 5 分；中间脱落或未展开，各扣 5 分。 （2）作业中违章使用工具，每次扣 1 分；作业完毕后遗漏工具，每件扣 2 分。 （3）作业中碰破出血，扣 5 分；作业过程中受伤不能工作者，全项失格。 （4）未按规定穿戴个人防护用品，扣 2 分。				

2. 教师评价建议

任务 5.3　检查动车组轮对作业

【任务描述】

当 CR400BF 型动车组运行 10 万 km 或运用 90 d 时，检修人员需依据作业指导书的规范标准，进行轮对检查作业。通过实训教学，学生需完成以下任务：

① 工前准备。

② 检查车轮直径、轮辋宽度、轮对内侧距，并根据情况进行踏面旋修或者更换轮对。

③ 填写记录表。

④ 工具保养和完工清洁。

在整个作业过程中，应遵循现场工作管理规范。

【学习目标】

知识目标	掌握检查动车组轮对的作业步骤
能力目标	掌握检查动车组轮对的操作方法
素质目标	1. 养成细致、认真的工作作风； 2. 养成自觉、规范执行作业标准的良好习惯

【导　入】

1. 机车车辆轮径测量仪的使用与保养

1）使用方法

① 擦拭标准圆和构架的定位块。

② 在标准圆上校对"零位"。根据规程规定，校对时应比标准圆小 0.3 mm。具体操作步骤如下：

a）拧紧指示表测头和测量仪测头，以免校对"零位"或做测量时测头松动而带来测量误差。

b）在测量仪上装指示表。

c）将测量仪放置在标准圆上，保证两测量块均与标准圆弧面接触良好，定位架与标准圆定位端面密贴，然后通过上下移动指示表，将指示表读数调到校对数值。

③ 测量轮径：用手握住测量仪两端的构架部位，放置在被测车轮上，使定位架与车轮内侧面靠紧，两手轻轻压一压，两测量块均与车轮踏面接触到位，这时即可从指示表中读出轮径值。

④ 机械指示表读数。

2）注意事项

机车车辆轮径测量仪的保养与使用注意事项如下：

① 在使用过程中，应防止对各部件的剧烈摔碰，以免损坏和变形。

② 两测量块是测量仪的关键部位，不得拆动，以免影响测量准确度。

③ 标准圆使用后要涂机油，以防生锈。较长时间不用时，测头、测量块也应擦上机油。

④ 指示表失灵，可送计量部门比照百分表进行检修。

2. 轮对内距尺操作使用方法

① 将内距尺锁紧螺钉松开，使活动测杆处于自由状态。

② 两手握住内距尺，将其放置于两车轮内侧，使两限位钩落在两车轮轮缘最高部位。在圆周方向移动内距尺活动测头端，找到最小的读数，即为轮对内侧距。

③ 把车轮三等分，分别在三个区域内测量，得出三个轮对内距值，取其平均数，即为该轮对内侧距。

【活　动】

活动 5.3.1　准备工作

1. 安全准备

2 名作业者按规定穿戴个人防护用品，检查并确认以下事项：

① 接触网和动车组处于无电状态。

② 停放制动已施加。

③ 作业计划单中的作业车组号及股道。

2. 工具准备

工具清单如表 5-8 所示。

表 5-8　工具清单

序号	名称	规格型号	单位	数量
1	手电筒	通用型	把	1
2	轮径测量仪		把	1
3	游标卡尺		把	1
4	钢板尺		把	1
5	刀口尺		把	1
6	内距尺		把	1
7	踏面检查器		台	1

3. 技术准备

（1）领取无电作业牌、主控钥匙。

（2）标定时间：40 min。

活动 5.3.2　轮对检查作业程序与要求

扫描二维码，学习动车组轮对检查

轮对检查作业程序与要求如表 5–9 所示。

表 **5–9** 轮对检查作业程序与要求

作业步骤及质量标准	图示
1. 检查	
（1）用轮径测量仪测量车轮直径。在可操作范围内，任意测量不重合三点取平均值，要求车轮直径≥850 mm。	
（2）测量轮辋宽度，要求轮辋宽度为（135±1）mm。	
（3）测量轮对内侧距：在距轮缘顶部以下 60 mm 处测量，轮对内侧距为 1 353 $^{+2}_{-1}$ mm。 **注意**：此为非单轮对状态下的数据。	
（4）当轮径差不满足以下条件时，需要进行踏面旋修： ① 动车同一轮对轮径差≤1.0 mm；拖车同一轮对轮径差≤1.0 mm； ② 动车同一转向架轮径差≤2 mm；拖车同一转向架轮径差≤15 mm； ③ 动车同一车辆轮径差≤2 mm；拖车同一车辆轮径差≤15 mm。	
（5）根据上面检查情况决定是否需要更换轮对。	
2. 填写记录	
2 名作业者共同完成，要求： ① 在作业结束后，认真填写作业记录单。 ② 对作业中出现的问题要做好记录，及时反映情况。 **注意**：作业记录不得涂改、乱画，保持作业记录单据整洁，要一车一档、统一保管。	
3. 工具保养和完工清洁	
2 名作业者共同完成，要求： ① 对所使用工具进行擦拭保养。 ② 按定置管理要求，做到完工料清，场地清洁。	

活动 5.3.3　思考练习

1. 简述轮对检查作业的操作步骤。
2. 简述机车车辆轮径测量仪使用方法。

【考核评价】

1. 综合评价表（见表 5–10）

表 5–10　综合评价表

序号	考核项目	总分	评分标准	自评分	互评分	教师评分	综合评分
1	时间	20	（1）每超过标定时间 30 s，扣 1 分；超过标定时间 1 min，停止作业，时间项不得分。 （2）压缩时间不加分，成绩相同时按时间排序。				
2	作业过程	20	（1）不按顺序作业，扣 5 分。 （2）工具使用不当，扣 2 分；损坏、摔掷工具，每次扣 5 分。 （3）工具未收回，每件扣 1 分。				
3	作业质量	50	（1）测量轮径未满三次，扣 5 分。 （2）工具使用不正确，每次扣 5 分。 （3）测量值与标准值相差超过 1 mm，扣 10 分。 （4）对检查结果做出错误判断，扣 20 分。				
4	安全及其他	10	（1）未插设或撤除安全号志，扣 10 分；错设扣 5 分；中间脱落或未展开，各扣 5 分。 （2）作业中违章使用工具，每次扣 1 分；作业完毕后遗漏工具，每件扣 2 分。 （3）作业中碰破出血，扣 5 分；作业过程中受伤不能工作者，全项失格。 （4）未按规定穿戴个人防护用品，扣 2 分。				

2. 教师评价建议

任务 5.4　更换动车组闸片作业

【任务描述】

当 CR400BF 型动车组闸片剩余量为 7 mm 时，检修人员需依据作业指导书的规范标准，进行更换动车组闸片作业。通过实训教学，学生需完成以下任务：

① 切除制动，调整间隙，拆卸闸片。

② 安装新闸片。

③ 恢复卡簧，安装开口销，恢复制动阀及裙板。

④ 进行供电试验，确保制动、缓解时闸片动作良好，闸片间隙符合标准要求。

⑤ 填写记录单。

在整个作业过程中，应遵循现场工作管理规范。

【学习目标】

知识目标	掌握更换动车组闸片的步骤
能力目标	掌握更换动车组闸片的操作方法
素质目标	1. 养成细致、认真的工作作风； 2. 养成自觉、规范执行作业标准的良好习惯

【导　入】

对于 CR400BF 型动车组，当闸片磨耗剩余量为 7 mm 时，需更换闸片。

CR400BF 型动车组 01、00 车 8 位、11 位闸片，03、06 车的 2 位、5 位、8 位、11 位闸片具备停放制动。CR400BF-A 型动车组 01、8、9、00 车的 8 位、11 位闸片，03、06 车、11、14 车的 2 位、5 位、8 位、11 位闸片具备停放制动。

注意： 00 车为尾车。CR400BF-A 型车为 16 辆编组车。

【活　动】

活动 5.4.1　准备工作

1. 安全准备

工作人员按要求穿戴好个人防护用品，检查并确认：

① 动车组处于静止、停稳状态，停放制动施加。

② 动车组受电弓降下，真空断路器（VCB）已断开。

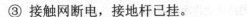

③ 接触网断电，接地杆已挂。

2. 工具、材料准备

工具、材料清单如表 5–11、表 5–12 所示。

表 5–11　工具清单

序号	名称	规格型号	单位	数量
1	克丝钳	通用型	把	1
2	套筒	17、24、27、36 mm	个	1
3	裙板套筒	通用型	把	1
4	棘轮扳手	通用型	把	2
5	扳手	通用型（要求至少一把 36 号扳手）	把	1
6	梅花扳手	通用型	把	1
7	手锤	通用型	把	1
8	四角钥匙	通用型	个	1
9	斜口钳	通用型	把	1
10	一字螺丝刀	通用型	把	1

表 5–12　材料清单

序号	名称	规格型号	单位	数量
1	动车组闸片	CR400BF 型	对	按需
2	开口销	通用	对	等同闸片数
3	粉笔	白色	支	1
4	防松铁丝	通用	对	等同闸片数

3. 技术准备

（1）作业开始前通知工长。

（2）标定时间：20 min。

活动 5.4.2　更换动车组闸片作业程序与要求

 扫描二维码，学习更换动车组闸片作业

更换动车组闸片作业程序与要求如表 5–13 所示。

表 5–13　更换动车组闸片作业程序与要求

作业步骤及质量标准	图示
1. 切除制动	
（1）工长在制动阀板所在的裙板底板边缘粘贴色带。使用四角钥匙开启裙板锁，拆下裙板内部安全绳。 **注意**：拆除安全绳时，应有另一名作业者进行辅助，防止裙板掉落砸伤或磕碰。	
（2）截断单车制动阀 28–B32（阀把处于垂直位置）。	
（3）若更换闸片所在位置有停放制动，则需要截断停放制动阀（28–B37），并手动拉动停放制动缓解拉手，拉动 2 次确认停放制动缓解。 **拍照**：对停放制动拉手恢复状态进行拍照。 **注意**：闸片拆卸全过程必须实施双人互控，一人作业，一人辅助，严禁单人单岗作业。	
2. 间隙调整	
使用 36 mm 的棘轮头逆时针旋转自动间隙调整装置螺栓，使闸片与制动盘间的间隙调整至最大，方便闸片的取出和安装。	  常用制动夹钳　　带停放制动夹钳

续表

作业步骤及质量标准	图示

3. 闸片拆卸

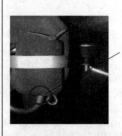
转轴点

（1）作业者确认制动缓解后，使用斜口钳拆除闸片开口销。另一名作业者负责收集拆下的旧开口销；

（2）作业者用手托住待换下的旧制动闸片，使用一字螺丝刀将制动夹钳下方的锁定弹簧扳离。扳离时，以锁定弹簧与制动夹钳交接处为轴，使锁定弹簧及锁定块向制动夹钳外侧移动。打开闸片支撑托，用手托住制动闸片向下移动，缓缓抽出。

注意：CR400BF 型动车组制动夹钳每侧闸片分为上下两块，取出时应防止掉落砸伤。

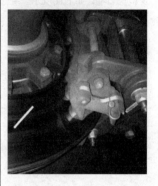

（3）旧闸片拆卸完成后，在更换闸片处的轮盘或轴盘处用粉笔画"／"。

4. 闸片安装

1）检查确认

① 新更换的闸片符合质量标准。

② 研磨块数量齐全且无裂纹、掉块。

③ 闸片托外观正常、无裂纹。

④ 研磨块安装卡簧安装牢固。

拍照：对新闸片进行拍照留存。

注意：CR400BF 型动车组制动夹钳每侧闸片分为上下两块，检查闸片状态后，将每侧的两块闸片按照图中样式进行匹配，避免反装。

闸片研磨块

2）安装闸片

从制动夹钳的下方分别将上下两块新闸片沿闸片支持槽推入制动夹钳与制动盘间。

研磨块安装卡簧

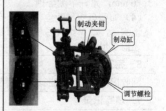
制动夹钳
制动缸
调节螺栓

续表

作业步骤及质量标准	图示

5. 恢复卡簧安装开口销

（1）作业者用手托住闸片，使用一字螺丝刀将制动夹钳下方的锁定弹簧及锁定块恢复至锁定位。恢复时，以锁定弹簧与制动夹钳交接处为轴，使锁定弹簧及锁定块向制动夹钳一侧移动，确认锁定块将闸片卡住。

（2）将新的开口销自下向上安装入制动夹钳下方的安装孔内，使用斜口钳将开口销开口打开，要求 120°≤开口角度<180°。

拍照：对每对闸片两侧开口销状态进行检查并拍照。

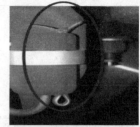

（3）在对闸片安装检查无误后，在相应轮盘或轴盘处画"＼"，涂打检修标记及检修日期，如右图所示。质检员检查良好后使用粉笔在相应轮盘或轴盘处用粉笔画"一"，技术员检查良好后在相应轮盘或轴盘处用粉笔画"口"。

6. 恢复制动阀及裙板

（1）恢复单车制动阀（28–B32）。若更换闸片所在位置有停放制动，须同时恢复停放制动阀（28–B37）。

拍照：对制动阀门恢复状态进行拍照。

（2）恢复裙板内部安全绳，使用四角钥匙锁闭裙板锁，检查并确认四角锁"△"标志对准"关"位，用手敲击裙板，确认无松动。工长取回色带。

拍照：对裙板恢复状态进行拍照。

7. 供电试验

（1）插入主控钥匙，开启蓄电池（注意此处未升弓、合主断），确认总风管压力在 600 kPa 以上，将司机室制动手柄在"缓解"和"7 级制动"位来回移动 3 次。

（2）闸片更换人员在地沟内确认制动、缓解时闸片动作良好。作业人员做好呼唤应答，禁止将手或工具伸入闸片与制动盘间的缝隙。

（3）闸片间隙检查：缓解状态下，检查闸片与制动盘两侧表面的间隙之和应为 3～6 mm，允许单侧虚抱。

（4）如动车组经断电作业后，总风压力不足 600 kPa，需确认作业人员全部撤离地沟后，动车组升弓供电充风，待总风压力超过 600 kPa 后断电降弓，再进行上述前 3 步检查。

8. 完工清理

回收旧闸片，清点工具，确保工具、物料与领出一一对应。

9. 填写记录

（1）按规定及时填写闸片更换记录，正确标注更换位数。

（2）质检员、技术员要做好签字确认。

活动 5.4.3　思考练习

1. 简述更换动车组闸片的操作步骤。
2. 简述切除制动的方法。

【考核评价】

1. 综合评价表（见表 5-14）

表 5-14　综合评价表

序号	考核项目	总分	评分标准	自评分	互评分	教师评分	综合评分
1	时间	20	（1）每超过标定时间 30 s，扣 1 分；超过标定时间 1 min，停止作业，时间项不得分。 （2）压缩时间不加分，成绩相同时按时间排序。				
2	作业过程	20	（1）不按顺序作业，扣 5 分。 （2）关门排风顺序错误，扣 5 分；塞门开关不到位，扣 2 分。 （3）未分解闸片，扣 10 分。 （4）工具使用不当，扣 2 分；损坏、摔掷工具，每次扣 5 分。 （5）工具（不含开口销）未收回，每件扣 1 分。				
3	作业质量	50	（1）错装、漏装配件，每处扣 5 分。 （2）开口销角度不正确，扣 5 分；窜动超过 5 mm，扣 2 分。 （3）闸片反装，扣 20 分。				
4	安全及其他	10	（1）未插设或撤除安全号志，扣 10 分；错设扣 5 分；中间脱落或未展开，各扣 5 分。 （2）作业中违章使用工具，每次扣 1 分；作业完毕后遗漏工具，每件扣 2 分。 （3）作业中碰破出血，扣 5 分；作业过程中受伤不能工作者，全项失格。 （4）未按规定穿戴个人防护用品，扣 2 分。				

2. 教师评价建议

_____

_____

_____

_____

_____

_____

任务 5.5　更换研磨子作业

【任务描述】

　　动车组踏面清扫装置可以改善轮轨接触面黏着条件，清除轮轨表面附着的油污等杂质，同时可以改善车轮踏面的圆度，对车轮踏面上的微小表面损伤起到修复作用，但该装置不承担任何制动功能。踏面清扫装置在运用过程中会出现故障，检修人员需依据作业指导书的规范标准，进行踏面清扫装置检查、更换作业。通过实训教学，学生需完成以下任务：

　　① 整体检查踏面清扫装置，判断其工作状态是否正常。

　　② 更换研磨子。

　　③ 填写记录单。

　　在整个作业过程中，应遵循现场工作管理规范。

【学习目标】

知识目标	1. 掌握研磨子的拆卸和安装方法； 2. 掌握踏面清扫装置功能试验方法及各部限度要求
能力目标	1. 培养学生的动手能力； 2. 培养学生正确的拆卸安装技能； 3. 培养学生理论与实践相结合的运用能力
素质目标	培养学生的安全意识和吃苦耐劳的职业素质

【导　　入】

　　踏面清扫装置为空气直动式，其动作受控于踏面清扫控制系统的指令。施行踏面清扫动作的条件是：车轮发生空转（驱动工况）、滑行（制动工况），以及施行制动过程中速度在30 km/h 以上。

　　踏面清扫装置的动作如下：

　　① 通过连接器进行加压后，活塞连杆被顶出，装置在活塞头端的研磨子触抵车轮的踏面，车轮每旋转一周，研磨子就清扫（打磨）踏面一次。

　　② 压力去除后，在复位弹簧作用下，活塞连杆及研磨子被拉回。

　　与研磨子座结合的销子由防振橡胶支持，用于吸收振动能量，缓解冲击并防止研磨子的偏磨耗。

　　气缸内为活塞和间隙自动调整装置，活塞杆头部与研磨子连接，研磨子为树脂合成材料。研磨子可以方便地更换，打开研磨子托座上的锁闭装置，即能将研磨子沿由内向外的方向取出。

【活　　动】

活动 5.5.1　准备工作

1. 安全准备

穿戴好个人防护用品，准备好安全号志。

2. 工具、材料准备

工具、材料清单如表 5–15、表 5–16 所示。

表 5–15　工具清单

序号	名称	规格型号	单位	数量
1	四角钥匙			

表 5–16　材料清单

序号	名称	规格型号	单位	数量
1	研磨子	S01 型；物料号：646299	个	按需
2	粉笔	白色	支	若干

3. 技术准备

（1）要求学生掌握踏面清扫装置的结构、工作原理及限度要求。

（2）标定时间：20 min。

活动 5.5.2　更换研磨子作业程序与要求

更换研磨子作业程序与要求如表 5–17 所示。

表 5–17　更换研磨子作业程序与要求

作业步骤及质量标准	图示
1. 工前准备	
（1）检查工具，物料及必换件准备齐全，满足使用要求。 （2）确认动车组处于静止、停稳状态，停放制动已施加。 （3）确认动车组受电弓已降下，主断路器已断开。 （4）确认接触网已断电，接地杆已挂。	

作业步骤及质量标准	图示
2. 踏面清扫管路切除	
（1）使用四角钥匙开启踏面管路阀门所在的裙板。	
（2）切断踏面清扫管路阀门，注意右图所示状态为正常导通状态，旋转红色阀门至 90° 即可切断空气管路。	
3. 研磨子拆卸	
（1）作业人员须站在转向架侧方，从侧梁上盖板处或制动夹钳转轴上方伸手将安装钩从正常弹出状态按压至压紧状态，将研磨子从车辆外侧（反车轮侧）抽离，然后沿车轮踏面圆周方向向上（车轮上方）取出。 （2）拆卸作业完成后，由作业者在相应轴箱转臂中间位置处用粉笔画"／"。	
4. 间隙调整	
用手将踏面清扫装置上的插销拔起，使研磨子与踏面间隙增大，便于作业。	
5. 研磨子安装	
（1）将新研磨子从车轮上方沿车轮圆周方向向下放到正确位置，然后从车辆外侧（反车轮侧）沿安装钩推入闸瓦托。	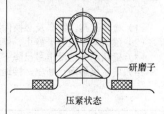

续表

作业步骤及质量标准	图示
（2）装入后确认安装钩及扭簧完全弹出到位，将研磨子准确固定于规定位置，用手摇动研磨子，确认研磨子不会脱离闸瓦托。	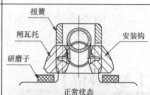
（3）作业人员对闸片安装检查无误后在相应轴箱转臂中间位置处用粉笔画"＼"，检修工长（班组长）检查良好后用粉笔"—"，质检员验收合格后用粉笔画"口"，最后形成一个"合"。 **注意**：质检员在确认后使用数字化手电对研磨子安装状态、"合"字标记拍照留存。	

6. 踏面清扫管路恢复

（1）恢复踏面清扫管路阀门，注意阀门呈竖直状态时为恢复状态，如右图所示。	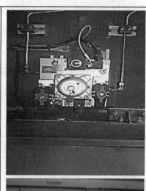
（2）使用四角钥匙关闭踏面管路阀门所在裙板。注意检查四角锁锁闭状态，并涂打防松标记线。	

7. 完工清理

回收旧研磨子。

8. 功能试验

（1）动车组开启蓄电池、投入主控。 （2）将司机室制动手柄置"B1"位。 （3）确认研磨子压紧、缓解动作良好。 **注意**：如动车组风压不足，则需在确认车顶、车下无人的情况下对动车组进行供高压操作，确认风压恢复后再进行试验。	

9. 填写记录

（1）按规定及时填写研磨子更换记录，正确标注更换位数。
（2）班组长、质检员要做好签字确认。

活动 5.5.3　思考练习

1. 简述更换动车组研磨子的操作步骤。
2. 简述踏面清扫装置的动作。

【考核评价】

1. 综合评价表（见表 5–18）

表 5–18　综合评价表

序号	考核项目	总分	评分标准	自评分	互评分	教师评分	综合评分
1	时间	10	每超过标定时间 10 s，扣 1 分；不足 10 s 按 10 s 计算。				
2	作业过程	30	（1）安全号志未展开，扣 2 分；安全号志落地未重插，扣 5 分。 （2）作业顺序颠倒，每次扣 3 分。 （3）各配件未落地，每件扣 2 分。 （4）未清扫，扣 5 分。 （5）未做功能试验，扣 5 分。 （6）未做标记，扣 5 分。 （7）安全号志未撤除，扣 10 分。				
3	作业质量	50	（1）未确认安装钩及扭簧是否完全弹出到位，扣 5 分。 （2）未确认研磨子是否会脱离闸瓦托，扣 5 分。 （3）未涂写标记，每处扣 5 分。 （4）未进行功能试验，扣 5 分；试验不正确，扣 5 分。 （5）漏装配件，每件扣 10 分；重装配件，每件扣 5 分。				
4	安全及其他	10	（1）未按规定佩带工具及穿戴个人防护用品，每件扣 5 分。 （2）工具损坏，每件扣 4 分；工具未放回指定地点，每件扣 2 分。 （3）作业过程中碰伤出血，扣 5 分。				

2. 教师评价建议

_____

_____

_____

_____

_____

任务 5.6　动车组空心车轴超声波探伤作业

【任务描述】

当 CR400BF 型动车组运行 10 万 km 时，检修人员需依据作业指导书的规范标准，进行动车组空心车轴超声波探伤作业。通过实训教学，学生需完成以下任务：

① 确定轴端类型并进行轴端部件拆卸及安装。

② 探伤作业。

③ 质量验收，完工清理。

④ 探伤记录的填写及保管。

在整个作业过程中，应遵循现场工作管理规范。

【学习目标】

知识目标	掌握动车组空心车轴超声波探伤作业的步骤
能力目标	掌握动车组空心车轴超声波探伤作业的操作方法
素质目标	1. 养成细致、认真的工作作风； 2. 养成自觉、规范执行作业标准的良好习惯

【导　　入】

1. 轴端布置

轮对轴端装置通过轴箱盖被安装到轮对轴箱上，轴箱盖用来密封并保护轮对轴端装置。全列车共有 64 个轴端，根据轴端配置的传感器等装置的不同，轴端共分成 7 种。轴端布置图如图 5-4 所示。轴端种类表如表 5-19 所示。

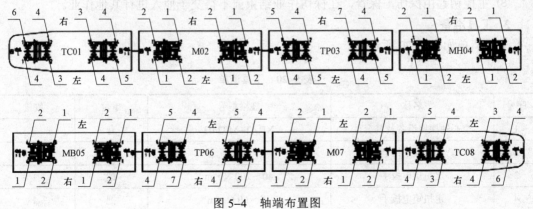

图 5-4　轴端布置图

表 5-19　轴端种类表

序号	名　称
1	1 号轴端——普通轴端
2	2 号轴端——防滑传感器轴端（右，单通道 980）
3	3 号轴端——带运行控制的防滑轴端（ATP）
4	4 号轴端——接地轴端
5	5 号轴端——带运行控制的防滑轴端（右，双通道 980）
6	6 号轴端——带运行控制的防滑轴端（右，双通道 1280）
7	7 号轴端——带运行控制的防滑轴端（LG）

2. 超声波探伤

超声波探伤用于检查已组装好车轮的车轴镶入部分有无裂纹、接触不良，车轴有无透声不良。

超声波探伤的基本原理是，用超声波发生器向工件内发射超声波，超声波遇到缺陷时受阻，检测缺陷反射回来的超声波和超声波通过工件后衰减的程度，即可发现缺陷。

【活　　动】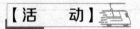

活动 5.6.1　准备工作

1. 安全准备

作业人员按规定穿戴好个人防护用品，检查并确认：

① 受电弓已降下。

② 接触网已断电并挂好接地杆。

③ 主控钥匙由探伤工保管，在探伤作业结束前不得交予他人进行其他作业。

2. 工具准备

工具清单如表 5-20 所示。

表 5-20　工具清单

序号	名称	规格型号	单位	数量
1	空心轴探伤设备及其套件	XHAT-M02/03	台	2
2	套筒扳手组套	通用	套	1
3	定扭矩电扳手	40～200 N·m	把	1
4	定扭矩电扳手	15～60 N·m	把	1
5	塞尺		把	1

续表

序号	名称	规格型号	单位	数量
6	车轴内孔专用清洁工具	通用	根	1
7	皮风器		台	1
8	内六角扳手		个	1
9	橡胶锤	通用	个	1
10	扭矩校验台		台	1
11	废油桶		个	1
12	丝锥		个	1

3. 技术准备

（1）领取作业计划：作业班组按规定每日对当日作业计划、任务进行讲解和分配，并领取主控钥匙。

（2）场地、环境确认：空心轴超声波探伤工作场地必须远离振动、潮湿、粉尘场所，避免强电磁干扰，供电质量必须满足设备电源要求。

（3）设备、样轴日常检查：开工前，探伤工对探伤设备、样轴进行检查，保证探伤设备正常运行。要求：样轴外表面无损伤，内表面光滑、无锈垢，轴孔起始处周围无飞边、毛刺，整体无锈蚀。

（4）标定时间：20 min。

活动 5.6.2 动车组空心车轴超声波探伤作业程序与要求

动车组空心车轴超声波探伤作业程序与要求如表 5–21 所示。

表 5–21 动车组空心车轴超声波探伤作业程序与要求

作业步骤及质量标准	图示
1. 确定轴端类型，进行轴端部件拆卸及安装	
（1）拆卸及安装。 （2）轴端拆卸部件检查：对拆卸下来的端盖、适配器、测速齿轮、摩擦盘、碳刷等部件进行清理、检查，各部件应状态良好、无损坏。 （3）轴端内部检查，包括： ① 普通轴的轴端检查要求：轴端压盖状态良好，轴端压盖 4 个螺栓紧固良好，防松标记无错位，如右图所示。	

续表

作业步骤及质量标准	图示
② 带速度传感器轴的轴端检查要求：轴端压盖状态良好，轴端压盖 4 个螺栓紧固良好，防松标记无错位；测速齿轮外观无异常，4 个安装螺栓紧固良好，防松标记无错位；速度传感器探头状态良好，与测速齿轮无干涉，如右图所示。 ③ 接地轴的轴端检查要求：轴端压盖状态良好，轴端压盖 4 个螺栓紧固良好，防松标记无错位。	

2. 探伤作业

1）系统开机
开机过程为开总电源、启动 UPS、启动计算机并开启检测软件。

2）设备参数设置
探伤工可以根据设备状态对设备参数做调整，允许调整的参数和取值范围如下：
① 主声束扫查范围：CR400BF 型动车车轴距离轴端：0～2 135 mm；
② 扫描螺距设置范围：≤5 mm；
③ 周期脉冲触发角度设置范围：≤2°；
④ 扫描转速设置范围：20～200 r/min；
⑤ 闸门阈值：满幅度的 40%；
⑥ 油箱内耦合剂温度范围：18～50 ℃。

3）空心轴检查及轴端清洁
① 检查空心轴内部有无泥土等异物，并用无纺布或软棉布蘸取防锈油后结合空心轴内孔清洁专用长杆对空心轴内部进行清洁。
② 使用无纺布和清洁剂将接地盖内部清理干净。

4）适配器连接
① 连接适配器到轴端，确保适配器与轴紧密连接并紧锁。
② 将容器放置在两轴端相应位置，接纳渗出的耦合油。

5）登录使用
① 如果是当日首次开机使用，在系统主操作界面中单击"首次使用"按钮，以便检查模式服务器的状态、探头的位置、油压、油温、油位以及油泵的功效系数等，如果系统检测出有不合格项，请根据提示进行相应的操作。
② 如果不是首次开机使用，单击系统主操作界面中的"开始"按钮。
③ 按照系统提示输入轴号、轴型等信息，在输入数据后，对探头停止位置进行检查，如果探头没有处于停止位置，则将进入该位置，然后探头进入轴内进行探伤扫查。
④ 探伤扫查时，应注意观察 B 型显示、C 型显示和 TD 型显示等图像显示并进行分析。当出现显示断续或不均匀时，应停止作业并查明原因。当遇个别空心车轴内表面有加工或处理造成的异常时，应适当降低探头转速和进给螺距，并适当提高扫查灵敏度以获得良好的 A 型、B 型和 C 型显示图像。
⑤ 单击检测结果对话框中的"手动操作"按钮，可以切换到手动控制方式，这时可以手动控制探头前进或后退，以便将探头移动到需要的位置并查看该位置的超声回波显示。

续表

作业步骤及质量标准	图示
6）疑似缺陷处理 　　如果发现疑似缺陷，操作检测结果对话框中的"手动操作"按钮切换到手动控制方式，将探头移动到疑似缺陷位置查看该位置的 A 型显示图像，并通过调整螺距、探头转速等参数进一步确认。可以根据被检空心车轴与对比试样轴探测面状况、材质等方面的差异进行灵敏度调整。必要时可以启用其他空心轴超探设备进行复探。 **7）填写记录** ① 探伤完成后探伤工填写《CR400BF 系列动车组空心轴超声波探伤记录》和《CR400BF 系列动车组空心轴超声波探伤发现缺陷记录》，无缺陷不用填写《CR400BF 系列动车组空心轴超声波探伤发现缺陷记录》。 ② 按要求将机打缺陷记录附于探伤记录后面，并通知技术人员。 **8）中心孔清洁** ① 卸下轴端适配器，用无纺布或软棉布蘸取防锈油后结合空心轴内孔清洁专用长杆对空心轴内部进行清洁。按规定涂防锈油（VERZONE No.220）。注意，防锈油不可过量。 ② 安装轴端前，对轴孔、箱体内油迹进行擦除，确保无残留油，防止耦合油、防锈油等从轴端渗出。 ③ 探伤完毕拆卸轴端适配器时，需先将适配器连接盘 I（长的部分）卸下，用棉布将连接盘 II（短的部分）与轴连接处的耦合剂擦拭干净，再将连接盘 II 卸下，然后将连接盘 I 与连接盘 II 连接固定好，以备再次使用	
3. 质量标准	
1）内部缺陷 　　当双晶片聚焦组合探头（或直探头）发现空心车轴材料内部有达到或超过闸门阈值的疑似内部缺陷反射波时，须使用深度补偿（纵波探头 DAC 曲线）对其当量直径进行判定，达到或超过 $\phi 2$ mm 平底孔当量时，车轴判废，填写记录并逐级报告。 **2）横向疲劳裂纹判定与处理** 　　当横波斜探头发现空心车轴有达到或超过闸门阈值的横向表面缺陷反射波时，应采用不同的显示方式或其他探测手段进行进一步确认，最终判定为表面疲劳裂纹，或判定反射当量达到或超过 1 mm 深度当量时，车轴判废，填写相关记录并逐级报告。	
4. 质量验收与完工清理	
（1）各工作人员严格按照"合"字作业法进行作业。 （2）质检员对定扭矩电扳手使用情况，车轴清理情况，轴箱盖配件检修、清扫、安装情况，防锈油涂打情况进行检查验收，并在《CR400BF 系列动车组空心轴超声波探伤记录》质检员一栏中签名。 （3）当班探伤结束，按照日常校验标准再次在对比试样轴上进行性能校验。 （4）操作者应在报告上签字，完成报告。要求填写各表格的剩余内容，然后交回技术组保管。 　　**注意**：上述记录填写时须做到字迹清晰、干净整齐、不涂不改、不错不漏。 （5）清洁探伤场地，做到人走料净。	
5. 探伤记录的填写	
（1）每根空心车轴探测结束后，均须填写《CR400BF 系列动车组空心车轴超声波探伤记录》《CR400BF 系列动车组空心车轴超声波探伤一轴一卡记录》，不得漏项，探伤作业者、辅助人员和质检员均需签字确认。 （2）当发现内部缺陷或裂纹时，应另填写《CR400BF 系列动车组空心车轴超声波探伤发现缺陷记录》，注明车轴缺陷性质、缺陷程度、缺陷位置及发现手段，并做出分析和计算。参加鉴定人员须在卡片上签章。	

活动 5.6.3　思考练习

1. 简述动车组空心车轴超声波探伤作业的操作步骤。
2. 简述超声波探伤的工作原理。

【考核评价】

1. 综合评价表（见表 5–22）

表 5–22　综合评价表

序号	考核项目	总分	评分标准	自评分	互评分	教师评分	综合评分
1	时间	20	（1）每超过标定时间 30 s，扣 1 分；超过标定时间 1 min，停止作业，时间项不得分。 （2）压缩时间不加分，成绩相同时按时间排序。				
2	作业过程	20	（1）不按顺序作业，扣 5 分。 （2）未进行轴端内部检查，扣 5 分。 （3）疑似缺陷处置不当，扣 5 分。 （4）摔掷工具，每次扣 5 分。				
3	作业质量	50	（1）轴端内部检查错误，扣 10 分。 （2）设备参数设置不当，扣 10 分。 （3）内部缺陷判断处理错误，扣 20 分。 （4）横向疲劳裂纹判断处理错误，扣 20 分。				
4	安全及其他	10	（1）未插设或撤除安全号志，扣 10 分，错设扣 5 分。 （2）作业中违章使用工具，每次扣 1 分，作业完毕后遗漏工具，每件扣 2 分。 （3）作业中碰破出血，扣 5 分；作业过程中受伤不能工作者，全项失格。 （4）未按规定穿戴个人防护用品，扣 2 分。				

2. 教师评价建议

_____

_____

_____

_____

_____

项目6

动车组随车机械师岗位职责及作业标准

【项目构架】

动车组随车机械师岗位职责及作业标准

- 动车组随车机械师一次出乘作业
- 处理停放制动安全环路断开故障
- 处理受电弓机械故障
- 处理充电机不工作故障
- 动车组火警处置
- 动车组PIS装置检查作业
- 动车组乘务室监控屏操作
- 动车组司机室操作
- 动车组机车救援（回送）

【项目引导】

🔥 目的要求

1. 掌握动车组随车机械师一次出乘作业流程。
2. 掌握停放制动安全环路断开故障处理步骤。
3. 掌握受电弓机械故障处理步骤。
4. 掌握充电机不工作故障处理步骤。
5. 掌握火警处置流程。
6. 掌握 PIS 检查步骤。
7. 掌握动车组乘务室监控屏操作方法。
8. 掌握动车组司机室各开关、控制器操作方法。

🔥 重点与难点

重点：

1. 动车组随车机械师一次出乘作业。

2. 动车组制动、牵引系统应急故障处置流程。

3. 各种随车工具的正确使用。

难点：

1. 动车组司机室设备操作方法。

2. 火警故障处置流程。

【项目内容】

任务 6.1　动车组随车机械师一次出乘作业

【任务描述】

　　动车组随车机械师主要担负运行动车组（运营、试验、回送动车组）随车乘务工作，负责保证动车组安全的运行状态，维护正常的车内硬件环境，掌握和传递动车组设备的动态运行信息，应急处理和维修运行中的设备故障，对动车组上部设施进行日常状态检查和质量交接。通过实训教学，学生需完成以下任务：

　　① 出乘报到。

　　② 接车作业。

　　③ 始发作业。

　　④ 途中作业。

　　⑤ 折返站作业。

　　⑥ 终到及退乘作业。

　　在整个作业过程中，应遵循动车组随车机械师一次出乘作业标准。

【学习目标】

知识目标	1. 能够正确认知动车组各部件的名称； 2. 熟悉一次出乘作业相关作业要求及作业标准
能力目标	1. 能够按照随车机械师"五字作业法"的要求完成整个作业流程； 2. 能够正确使用数字化手电筒、点温枪等随车工具
素质目标	1. 熟练掌握随车机械师规范用语； 2. 熟悉动车组随车机械师岗位职责，能够配合司机及车长等完成各项作业

【导　入】

1. 动车组随车机械师岗位职责

1）监控途中运行技术状态

　　① 运行途中，在监控室通过车载信息系统监控动车组运行及设备工作状态，并在司机进行开关门操作时监控动车组车门的状态。

　　② 运行途中，按作业图表规定定时、定区间巡视动车组设备，监控走行部运行状态，检查室温控制、列车上部设施使用等技术状态。对于发现的问题，能正确判断、果

断处理。

③ 在始发和折返站，进行技术检查作业。

④ 在动车组出入运用所时，负责与质检员办理技术交接。

2）管理和操作动车组设备

① 按规定操作动车组设备设施。

② 控制车内空调换气装置，设置调节空调及换气装置运行模式。

③ 控制车内客室照明，设置调节照明工况。

④ 按规定开启旅客信息系统。

⑤ 指导客运服务人员正确使用车内设备。

⑥ 在司机操作侧门开、关时，对动车组侧门开、关状态进行监控。

⑦日常交接时，应对大型储物箱的锁闭状态进行检查，检查确认司机室、乘务室及各搭载品柜内其他随车物品状态良好。

⑧ 每次出乘时，应对所有随车工具、备品进行清点检查，确认状态良好并做好维护保养工作，发现工具、备品技术状态不良者应及时更换或送修。

⑨ 在运营中，配合列车长进行车内服务设施管理、人为损坏理赔等工作。

3）应急处理途中突发故障

① 运行中突发故障时，按照应急处置规定及远程应急指挥指导积极进行应急处理，并及时做好信息反馈和上报。

② 动车组突发故障分为三类：属司机独立处置的，需加强与司机联系，了解故障处理情况；属与司机协作处置的，按照应急故障处理手册分工与司机共同进行处理；属随车机械师独立处置的，处理完成后及时将情况和运行要求通报司机。

③ 记录突发故障处置情况，及时向动车运用所调度室汇报。

④ 发现危及行车安全的故障或其他紧急情况时，可使用紧急制动装置停车或通知司机采取停车措施。

4）承担部分行车组织职能

① 运行中因动车组故障或其他原因在区间被迫停车时，加强与司机联系，掌握情况，及时向动车运用所调度室报告，并在司机指挥下，做好行车及安全防护相关工作。

② 动车组故障需要救援时，配合司机做好救援准备工作，负责安装过渡车钩、引导救援机车联挂、连接风管。

③ 动车组运行途中，做好动车组一级修上部设施的检查工作；当动车组在异地存放时，负责动车组车体和车下两侧设施的外观检查。

2. 动车组随车机械师一次出乘作业流程

动车组随车机械师一次出乘作业流程如图 6-1 所示。

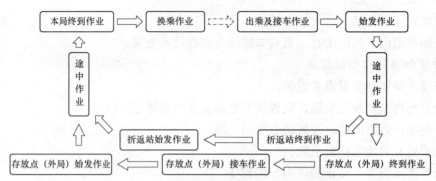

图 6-1 动车组随车机械师一次出乘作业流程

【活 动】

活动 6.1.1 准备工作

1. 安全准备

按规定穿戴个人防护用品。

2. 工具、材料准备

包括工具包、450 MHz 手持终端、GSM-R 手机、数字化手电筒、测温仪、随车钥匙等。

3. 技术准备

（1）可用于实训演练的 CR400BF 型动车组设备一组。

（2）标定时间：50 min。

活动 6.1.2 动车组随车机械师一次出乘作业程序与要求

动车组机械师一次出乘作业程序与要求如表 6-1 所示。

表 6-1 动车组随车机械师一次出乘作业程序与要求

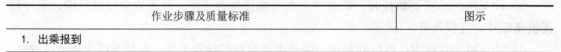

作业步骤及质量标准	图示
1. 出乘报到	

出乘报到程序如下：

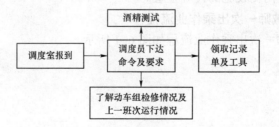

作业步骤及质量标准	图示
（1）动车组出库前 **90 min** 到动车运用所调度室（以下简称调度室）报到。 （2）接受酒精含量测试。 （3）听取调度员下达的命令、要求及注意事项。 （4）了解动车组检修情况及上一班次的运行情况。 （5）领取《动车组固定服务设施状态检查记录》《动车组出所质量联检记录单》《动车组随车机械师乘务日志》《动车组故障交接记录单》，以及随车钥匙、GSM–R 手机、450 MHz 手持终端等。	 领取随车工具

2．接车作业　　　扫描二维码，学习动车组一次出乘作业——接车作业

出库前 **60 min** 到达动车组停放股道进行车下和车内检查作业。作业前在主控端司机室操纵台挂设禁动牌，检查作业过程中要遵循"听、看、闻、巡、联"五字作业法并对关键部位拍照。作业流程如下：

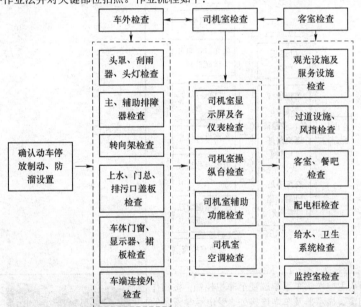

（1）**车下设备检查**：动车组随车机械师从主控端头车巡视至非主控端，再从另一侧巡视至主控端，按照作业指导书要求依次检查车头、车侧及车端连接处等设备的外观及工作状态是否正常，对重点部位进行拍照。

车头外观

（2）**司机室设备检查**：动车组随车机械师从主控端司机室上车，按照作业指导书要求依次检查司机室各显示屏、仪表、操纵台、空调及辅助功能的状态是否正常，对重点部位进行拍照。

司机室

续表

作业步骤及质量标准	图示
（3）客室设备检查：动车组随车机械师按照作业指导书要求依次检查观光区、过道、客室、餐吧、配电柜、监控室等设备设施的外观及工作状态是否正常，对重点部位进行拍照。	 观光区

3. 始发作业及途中作业　　*扫描二维码，学习动车组一次出乘作业——始发途中作业*

　　动车组到达车站后，动车组随车机械师从非驾驶端司机室下车，在站台侧巡视检查，始发作业及途中作业流程如下：

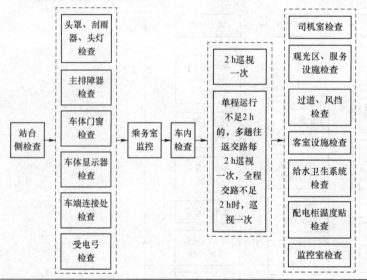

　　（1）始发作业：动车组随车机械师从主控端头车下车巡视至非主控端，按照作业指导书要求依次检查车头、车体门窗、显示器及车端连接处、受电弓等设备的外观及工作状态是否正常，对重点部位进行拍照。巡视完毕，从非主控端头车上车，回到监控室等待发车。

受电弓

　　（2）途中作业：行车途中，动车组随车机械师按照作业指导书要求依次检查司机室、观光区、过道、客室、给水卫生系统、配电柜及监控室等设备工作状态是否正常，每 2 h 巡视一次。

卫生间

续表

作业步骤及质量标准	图示

4. 折返站作业

（1）动车组到达折返站后，随车机械师与司机会合，了解动车组运行情况并做好记录。

（2）重新输入始发车次、车站、编组等信息后，从驾驶端司机室下车，在站台侧巡视检查车头、车体外侧、侧门、车外显示器、车端连接、受电弓等的工作状态是否正常。

（3）站停时间 40 min 及以上的动车组，在车内对卫生间、电茶炉和配电柜进行一次专项巡视，发现故障进行处理并做好记录。

（4）巡视完毕后，由车内到达监控室，通过车载信息系统监视列车设备工作情况，等待发车，执行故障零报告制度。

侧门

5. 终到及退乘作业　　扫描二维码，学习动车组一次出乘作业——终到及退乘作业

（1）终到前 45 min，动车组随车机械师从动车组非驾驶端巡视至驾驶端，与司机会合，了解动车组运行情况。

（2）旅客下车完毕后，会同列车长对车体上部设施进行全面检查，若发现设备人为损坏、丢失，须填写动车组固定服务设施状态检查记录，双方签字。客运人员退乘后，随车机械师在监控室盯控，重点盯控车门关闭状态。

（3）填写乘务日志、动车组故障交接记录单（辆动–181）。

（4）入库途中，通过车载信息系统监控动车组运行状态。

（5）入库停稳后，到调度室报告动车组运行情况，办理重点故障、动车组钥匙、乘务日志、动车组故障交接记录单（辆动–181）、GSM–R 手机、450 MHz 手持终端等交接，听取命令、指示、要求。

（6）交接完毕后回公寓间休息，准备次日出乘。

监控室

活动 6.1.3　思考练习

1. 动车组随车机械师一次出乘作业包含哪些作业项目？

2. 动车组随车机械师主要承担哪些随车乘务工作？

3. 试说明动车组随车机械师始发作业的作业路线。

【考核评价】

1. 综合评价表（见表 6-2）

表 6-2　综合评价表

序号	考核项目	总分	评分标准	自评分	互评分	教师评分	综合评分
1	时间	10	（1）每超过规定时间 30 s，扣 1 分；超过规定时间 2 min，停止作业，时间项不计分。 （2）压缩时间不加分，成绩相同时按时间排序。				
2	作业过程	30	（1）不按作业顺序，扣 10 分。 （2）工具使用不当，扣 5 分。 （3）作业过程中未遵循"五字作业法"，每处扣 2 分。				
3	作业质量	50	（1）接车作业中检查项点不全，每处扣 5 分。 （2）检查作业中拍照项点有遗漏，每处扣 5 分。 （3）途中作业未按规定时间巡检，扣 10 分。 （4）乘务日志、故障交接记录单填写不规范，扣 5 分。				
4	安全及其他	10	（1）未插设或撤除安全号志，扣 10 分；错设扣 5 分；中间脱落或未展开，各扣 5 分。 （2）作业中违章使用工具，每次扣 1 分；作业完毕后遗漏工具，每件扣 2 分。 （3）作业中碰破出血，扣 5 分；作业过程中受伤不能工作者，全项失格。 （4）未按规定穿戴个人防护用品，扣 2 分。				

2. 教师评价建议

_____

_____

_____

_____

_____

_____

_____

任务 6.2 处理停放制动安全环路断开故障

【任务描述】

CR400BF 型动车组制动系统具有停放制动监控功能，在列车运行速度 5 km/h 以上意外施加停放制动时，动车组实施紧急制动 EB 停车。当列车在运行途中出现停放制动安全环路断开故障时，动车组随车机械师需要配合司机快速、熟练地完成故障应急处置。通过实训教学，学生需完成以下任务：

① 故障确认。

② 施加停放制动。

③ 缓解停放制动。

④ 停放制动监控环路隔离。

⑤ 切除停放制动。

在整个作业过程中，应遵循动车组随车机械师应急故障处置作业标准。

【学习目标】

知识目标	1. 能够掌握停放制动装置在动车组中的配置情况； 2. 熟悉停放制动作用原理
能力目标	1. 能够按照动车组随车机械师应急故障处置流程要求完成停放制动安全环路断开故障处置； 2. 能够正确使用数字化手电筒、GSM-R 手机等随车工具
素质目标	1. 熟练掌握动车组随车机械师规范用语； 2. 熟悉动车组随车机械师岗位职责，能够配合司机等完成故障处置作业

【导　入】

1. CR400BF 型动车组停放制动配置

CR400BF 型动车组设置 12 个停放制动缸，停放制动装置配置如图 6-2 所示。这样的停放制动装置设置，能够保证在定员载荷条件下 20‰的坡道上停放，并具有不小于 1.2 倍的安全系数。

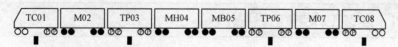

○ 拖轴　　■ 装设停放制动装置的车辆
● 动轴　　⊕ 带停放制动装置的拖轴

图 6-2　停放制动装置配置图

2. CR400BF 型动车组停放制动作用原理

停放制动模块气路图如图 6-3 所示。双脉冲电磁阀（B15.03）是设置在停放置动空气气路上的双向止回阀，具有双稳态结构，得到停放施加或缓解脉冲信号后能保持当前状态，无须一直得电，其作用是防止空气制动力和停放制动力叠加。阀体两端有手控按钮，无电控信号时，可通过手控按钮实现停放施加或停放缓解。

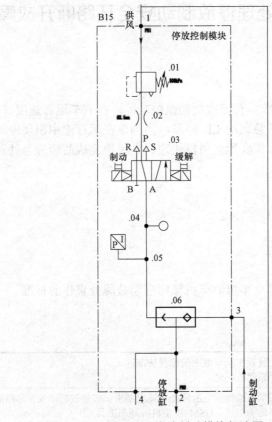

图 6-3　停放制动模块气路图

　　带停放制动夹钳的单元采用排风施加、充气缓解的停放制动方式，同时施加空气制动和停放制动时，制动控制模块输出压力经过双向止回阀（B15.03）同时进入停放制动缸内，将缓解部分停放制动力。

【活　　动】

活动 6.2.1　准备工作

1. 安全准备

按规定穿戴个人防护用品。

2. 工具、材料准备

包括工具包、450 MHz 手持终端、GSM-R 手机、数字化手电筒、测温仪、钥匙等。

3. 技术准备

（1）可用于实训演练的 CR400BF 型动车组设备一组。

（2）标定时间：10 min。

活动 6.2.2　动车组停放制动安全环路断开故障处理作业程序与要求

表 6-3　动车组停放制动安全环路断开故障处理作业程序与要求

作业步骤及质量标准	图示
1. 故障确认 确认故障车辆，并重新施加、缓解停放制动。	 HMI 屏"故障信息"界面
2. 重新施加、缓解停放制动 　重新施加、缓解停放制动，若列车停放制动正常施加、缓解，故障消除，则继续行车。	 按压"停放施加"按钮  停放制动已施加
3. 隔离停放制动监控环路 　若列车停放制动正常施加、缓解，故障未消除，则操作"停放制动监控环路旁路"扳钮至"开"位，隔离停放制动监控环路。	 "停放制动监控环路旁路" 扳钮置"开"位
4. 切除停放制动 　（1）在车上打开"B35 塞门"（塞门手柄与管路平行），若操作无效，则打开制动阀板所在的裙板，关闭该车"B37 塞门"（塞门手柄与管路垂直）。 　（2）在车下拉动停放制动紧急缓解拉手，缓解停放制动，可明显听见"砰"的声响。 　（3）车下确认停放制动已缓解（闸片与制动盘间存在间隙代表缓解）。 　（4）通知司机在 HMI 屏弹界面按"确认"键，进行停放制动隔离确认。 　（5）恢复本车空气制动，并通过压力表确认空气制动已施加。 　（6）司机通过 HMI 制动主界面确认停放制动已切除，空气制动、缓解状态正常。 　（7）动车组随车机械师通知司机进行人工滚动试验。 　（8）制动切除恢复运行后，动车组随车机械师按规定申请前方站停车检查，对制动切除车厢制动盘进行点温，重点检查是否存在抱闸现象。	 "B35 塞门"手柄与管路平行  HMI 屏幕弹出停放制动切除 "确认"界面

活动 6.2.3　思考练习

1. 动车组停放制动安全环路断开故障处置作业包含哪些作业步骤？
2. 停放制动切除作业分为哪几步？
3. 试说明停放制动施加、缓解气路原理。

【考核评价】

1. 综合评价表（见表 6-4）

表 6-4　综合评价表

序号	考核项目	总分	评分标准	自评分	互评分	教师评分	综合评分
1	时间	10	（1）每超过规定时间 30 s，扣 1 分；超过规定时间 2 min，停止作业，时间项不计分。 （2）压缩时间不加分，成绩相同时按时间排序。				
2	作业过程	30	（1）不按作业顺序，扣 10 分。 （2）工具使用不当，扣 5 分。 （3）作业过程中未进行手比口呼，扣 10 分。				
3	作业质量	50	（1）未进行故障确认，扣 10 分。 （2）未重新施加、缓解停放制动，扣 10 分。 （3）故障未消除，扣 30 分。				
4	安全及其他	10	（1）未插设或撤除安全号志，扣 10 分；错设扣 5 分；中间脱落或未展开，各扣 5 分。 （2）作业中违章使用工具，每次扣 1 分；作业完毕后遗漏工具，每件扣 2 分。 （3）作业中碰破出血，扣 5 分；作业过程中受伤不能工作者，全项失格。 （4）未按规定穿戴个人防护用品，扣 2 分。				

2. 教师评价建议

_____

_____

_____

_____

任务 6.3　处理受电弓机械故障

【任务描述】

CR400BF 型动车组受电弓控制系统具有紧急自动降弓功能,在列车运行途中受到意外撞击时,受电弓能够自动快速降下,避免引发弓网故障及更严重的机械损伤。列车在运行途中检测到受电弓机械故障时,动车组随车机械师需要配合司机快速、熟练地完成故障应急处置。通过实训教学,学生需完成以下任务:

① 故障确认。

② 制动停车。

③ 查看受电弓视频监控。

④ 登顶处理。

⑤ 切除故障受电弓。

在整个作业过程中,应遵循动车组随车机械师应急故障处置作业标准。

【学习目标】

知识目标	1. 能够掌握受电弓在动车组中的配置情况; 2. 熟悉受电弓自动降弓作用原理
能力目标	1. 能够按照动车组随车机械师应急故障处置流程要求完成受电弓机械故障处置; 2. 能够正确使用数字化手电筒、GSM-R 手机等随车工具
素质目标	1. 熟练掌握动车组随车机械师规范用语; 2. 熟悉动车组随车机械师岗位职责,能够配合司机等完成故障处置作业

【导　入】

1. 控制阀板(EPCU)

受电弓控制阀板如图 6-4 所示,控制阀板由气路动车组控制单元及电子控制单元构成,用于实现对受电弓的主动、精确控制。

控制阀板具有以下功能:

① 发布受电弓升弓命令。

② 受电弓升、降弓速度控制。

③ 过滤气动控制单元的压缩空气。

④ 在维护过程中命令受电弓升弓。

⑤ 故障诊断及处理。

⑥ 提供受电弓升降弓状态信息。

⑦ 通过控制气囊内压力控制受电弓与接触网之间的静态力。

1—过滤器；2—升弓电磁阀；3—调压阀调整螺丝；4—调压阀；5—接入气囊的风管；6—接入弓头的风管；
7—ADD 电磁阀；8—压力开关；9—压力传感器；10—精细调压阀

图 6-4　受电弓控制阀板

2. 动车组自动降弓装置

动车组自动降弓装置如图 6-5 所示，它可以在碳滑板损坏时使受电弓自动快速地降弓。降弓之后，如果碳滑板未修复，它可以阻止受电弓升弓。

动车组自动降弓装置以安装在受电弓底架上的一个气动 ADD 电磁阀为基础，通过空气管（包括碳滑板）作用。在正常运行情况下（碳滑板无损坏），ADD 电磁阀是关闭的。在碳滑板损坏的情况下，排出的空气气流将 ADD 电磁阀打开，实现自动降弓。

图 6-5　动车组自动降弓装置

【活　动】

活动 6.3.1　准备工作

1. 安全准备

按规定穿戴个人防护用品。

2. 工具、材料准备

包括工具包、450 MHz 手持终端、GSM-R 手机、数字化手电筒、测温仪、钥匙等。

3. 技术准备

（1）可用于实训演练的 CR400BF 型动车组设备一组。

（2）标定时间：10 min。

活动 6.3.2 动车组受电弓机械故障处置作业程序与要求

扫描二维码，学习动车组受电弓故障处置

表 6–5 动车组受电弓机械故障处置作业标准

作业步骤及质量标准	图示
1. 故障确认	
确认故障车辆及故障代码。	 "故障信息"界面
2. 司机停车	
司机施加常用制动停车，并通知动车组随车机械师。	
3. 回放故障视频，检查受电弓	
（1）确认现车车顶高压区设备可视部分的状态并通过回放功能查看故障发生过程。 （2）检查外观可见部分，若无明显变形、脱落，无异物搭接，无接地风险，或有异物缠绕，但不超限、无脱落风险，可通知司机切除故障受电弓，换弓维持运行。	 受电弓监控屏界面  受电弓选择开关
4. 申请登顶	
需要捆绑受电弓或清除异物时，申请登顶处理。	
5. 登顶处理	
（1）向司机申请登顶，做好安全防护。 （2）作业完毕后，确认各部不侵限、无脱落风险，电气间隙满足要求（最低点应超过绝缘子顶部第一个伞裙）。	
6. 切除故障受电弓	
切除故障受电弓并换弓，使用剩余最大动力维持运行。	
7. 运行监控	
运行途中，动车组随车机械师需重点监控故障受电弓状态。	

活动 6.3.3　思考练习

1. 受电弓控制阀板上主要有哪些部件？
2. ADD 电磁阀能实现哪些控制功能？
3. 受电弓机械故障处理分哪几步？

【考核评价】

1. 综合评价表（见表 6-6）

表 6-6　综合评价表

序号	考核项目	总分	评分标准	自评分	互评分	教师评分	综合评分
1	时间	10	（1）每超过规定时间 30 s，扣 1 分；超过规定时间 2 min，停止作业，时间项不计分。 （2）压缩时间不加分，成绩相同时按时间排序。				
2	作业过程	30	（1）不按作业顺序，扣 10 分。 （2）工具使用不当，扣 5 分。 （3）作业过程中未进行手比口呼，扣 10 分。				
3	作业质量	50	（1）未进行故障确认，扣 10 分。 （2）未按要求查看受电弓视频监控器，扣 10 分。 （3）故障未消除，扣 30 分。				
4	安全及其他	10	（1）未插设或撤除安全号志，扣 10 分；错设扣 5 分；中间脱落或未展开，各扣 5 分。 （2）作业中违章使用工具，每次扣 1 分；作业完毕后遗漏工具，每件扣 2 分。 （3）作业中碰破出血，扣 5 分；作业过程中受伤不能工作者，全项失格。 （4）未按规定穿戴个人防护用品，扣 2 分。				

2. 教师评价建议

_____

_____

_____

_____

任务 6.4　处理充电机不工作故障

【任务描述】

当 CR400BF 型动车组运行途中发生故障时，检修人员需依据应急故障处置手册的规范标准，进行应急故障检查作业。通过实训教学，学生需完成以下任务：

① 对充电机装置进行整体检查和分部件检查，判断其工作状态是否正常。

② 填写记录单。

在整个作业过程中，应遵循现场工作管理规范。

【学习目标】

知识目标	1. 了解动车组充电机各零部件的基础知识； 2. 掌握动车组充电机系统的组成及各部分的工作原理
能力目标	1. 能识别充电机系统的各子模块； 2. 能够处理充电机不工作故障
素质目标	1. 培养学生严谨认真的工作态度； 2. 培养学生的团队协作精神

【导　入】

充电机（如图 6-6 所示）从辅助逆变器输出的三相 AC 380 V 电源取电，经过整流、降压和滤波后输出 DC 110 V 电能，为控制系统、照明、影视广播、逆变电源等辅助负载设备提供电源。CR400BF 型动车组设有 4 台充电机，并联供电。同时，充电机与蓄电池一对一充电。

图 6-6　充电机

【活 动】

活动 6.4.1　准备工作

1. 安全准备

作业人员应按规定穿戴个人防护用品。

2. 工具、材料准备

包括通用钥匙、头灯、万用表、毛刷、耳机、干净白布等。

3. 技术准备

（1）CR400BF 型动车组一辆。

（2）标定时间：10 min。

活动 6.4.2　处理充电机不工作故障作业程序与要求

表 6–7　处理充电机不工作故障作业程序与要求

作业步骤及质量标准	图示
1. 故障发生时的操作 当司机发现牵引主界面充电机图标变成黄色或者红色时，通知动车组随车机械师。	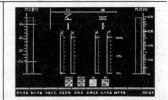
2. 故障确认及复位 动车组随车机械师通过"当前故障"界面查看诊断代码，确认充电机的故障数量，根据数量采取相应措施： ① 仅一台充电机不工作时，动车组随车机械师通知司机维持运行； ② 有两台及以上充电机不工作时，动车组随车机械师通知司机进行 BC 复位。	

活动 6.4.3　思考练习

1. 简述 CR400BF 型动车组充电机工作原理。

2. 简述处理充电机不工作故障的操作流程。

【考核评价】

1. 综合评价表（见表 6-8）

表 6-8　综合评价表

序号	考核项目	总分	评分标准	自评分	互评分	教师评分	综合评分
1	时间	20	（1）每超出标定时间 30 s，扣 1 分；超过标定时间 1 min，停止作业，时间项分不得分。 （2）压缩时间不加分，成绩相同时按时间排序。				
2	作业过程	30	（1）不按顺序作业，扣 10 分。 （2）未进行充电机检查，扣 10 分。 （3）摔掷工具和配件，每次扣 10 分。				
3	作业质量	40	（1）工具准备不正确，扣 10 分。 （2）部件检查不正确，扣 10 分。 （3）充电机检查错误，扣 10 分。 （4）当零部件有松动、裂纹时，判断错误扣 10 分。				
4	安全及其他	10	（1）未插设或撤除安全号志，扣 10 分；错设扣 5 分。 （2）作业中违章使用工具，每次扣 1 分；作业完毕后遗漏工具，每件扣 2 分。 （3）作业中碰破出血，扣 5 分；作业过程中受伤不能工作者，全项失格。 （4）未按规定穿戴个人防护用品，扣 2 分。				

2. 教师评价建议

任务 6.5　动车组火警处置

【任务描述】

动车组火灾报警检测系统也称作烟火报警系统，它是保证动车组行车安全的重要设备之一。采用火灾报警检测系统对列车火情进行监测，可以大大减少火灾事故的发生，有效降低火灾造成的损失。检修人员需依据应急故障处理的规范标准进行火灾报警应急处置作业。通过实训教学，学生需完成以下任务：

① 根据故障代码判断烟火报警位置。

② 正确处理故障。

③ 填写记录单。

在整个作业过程中，应遵循现场工作管理规范。

【学习目标】

知识目标	1. 能正确判断烟火报警原因； 2. 能正确处理烟火报警故障
能力目标	1. 培养学生的动手能力； 2. 培养学生的处理故障技能； 3. 培养学生理论与实践相结合的运用能力
素质目标	培养学生的安全意识和吃苦耐劳的职业素质

【导　　入】

1. 动车组火灾报警检测系统认知

动车组火灾报警检测系统用来监控动车组每个车厢，便于尽早发现即将发生或已经发生的火灾。发现火灾后，它将报警的相关信息通知司机和列车员，让司机和列车员采取相应的措施。同时火灾报警检测系统也应用在主要的电气单元内。

动车组每节车厢都安装有一套独立的火灾报警检测系统。单车火灾报警检测系统由 1 个烟火报警控制器（SDCU，又叫烟火主机）、多个火灾探测器（SD）和 1 个线性热探测器（LHD）共同组成，烟火报警控制器和火灾探测器之间通过双路 CAN 网组成的冗余环形网络互联，用来监测车厢重要部位是否有火灾发生。

火灾探测器用来采集 PIS 柜、电气柜、司机室、卫生间、客室、厨房等区域的烟雾浓度和温度信息，并将这些信息通过 CAN 总线传输给烟火报警控制器。

烟火报警控制器接收来自火灾探测器的火灾报警信号，将这些火灾报警信号、工作状态信息通过 MVB 总线传给 TCMS，同时对采集的火灾报警信号进行处理，向车辆关联系统发出火灾报警信号，同时指明火灾发生部位。此外，烟火报警控制器记录火灾报警时间，并保持，直至手动操作复位按钮予以复位。

确认火灾发生时，使用灭火器灭火。CR400BF 型动车组全列共设置 37 个灭火器，分为干粉灭火器和水雾灭火器两种。其中，1 车、8 车各 6 个，5 车 5 个，其余车厢各 4 个。干粉灭火器用于扑救石油、石油产品、油漆、有机溶剂和电气设备等火灾。手提式水雾灭火器可扑灭 A 类（可燃固体：木材、毛、麻）、B 类（可燃液体）、C 类（可燃气体）及一般电器火灾，该灭火器具有抗 36 kV 电压的特点，具有良好的阻燃性能，是现阶段比较适合铁路电气化区段的新型灭火器。

2. 故障代码及相应的故障部位情况（如表 6–9、表 6–10 所示）

表 6–9　车上火警故障代码及相应的故障部位

故障代码	故障部位
D001	司机室
D002/D003	客室
D004/D005	卫生间 1/2
D006	交流柜
D009	PIS 柜
D00A	厨房
D0A0	电气柜

表 6–10　车下火警故障代码及相应的故障部位

故障代码	故障部位
D007/D008	蓄电池
D0A1	牵引变流器
D0A2	辅助变流器

3. 报警原因

检测到有火情或误报。

4. 行车要求

根据车辆状态行车，司机实施最大常用制动，行车速度按以下规定执行：300 km/h 及以上线路限速 200 km/h 及以下，250 km/h 及以下线路限速 120 km/h 及以下。

5. 注意事项

① 如需停车，尽量避开长大隧道等，选择便于旅客疏散的地点。

② 如需断开蓄电池，需先将烟火报警中心故障开关 "=49–S01" 打到关位，否则蓄电池无法关断。

【活　　动】

活动 6.5.1　准备工作

1. 安全准备

作业人员应按规定穿戴个人防护用品。

2. 工具、材料准备

包括通用钥匙、头灯、万用表、毛刷、耳机、干净白布等。

3. 技术准备

（1）CR400BF 型动车组一辆。

（2）标定时间：20 min。

活动 6.5.2　动车组烟火报警故障处理作业程序与要求

 扫描二维码，学习动车组火警处置

CR400BF 型动车组烟火报警故障处理内容如表 6–11 所示。

表 6–11　CR400BF 型动车组烟火报警故障处理内容

作业步骤及质量标准	图示
1. 报警确认	
（1）按照规定降速运行。 （2）通过 HMI 屏查询确认报警车厢及部位等信息，并通知动车组随车机械师及列车长。	
2. 检查确认	
（1）若报警部位为车上，进行现场确认。 （2）若报警部位为车下辅助变流器、牵引变流器或蓄电池，对火警进行复位，故障消除后恢复运行。 （3）若故障未消除，切除控制报警车厢牵引变流器、辅助变流器或充电机的空气开关，恢复运行至前方站，申请下车检查。	
3. 确认误报（含旅客吸烟等）	
（1）进行现场确认，消除报警，通过烟火报警控制器进行复位。 （2）若不能复位成功，隔离报警车厢火灾报警检测系统。断开电气柜内"=49–F01"断路器。 **注意：** 隔离后应对该车厢重点监控。	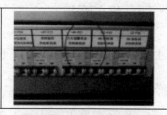
4. 确认火灾发生	
（1）接到火情通知后，司机选择合适地点停车，断主断路器降弓。 （2）若发生电气设备火情，及时切断相关电气设备的电源。 （3）关闭故障车厢两端防火端门。	
5. 恢复运行	
处理完毕，通知司机恢复正常速度行车。	

活动 6.5.3　思考练习

1. 火灾报警检测系统由哪几部分组成？
2. 简述火灾探测器的功能。

【考核评价】

1. 考核评价表（见表 6-12）

表 6-12　综合评价表

序号	考核项目	总分	评分标准	自评分	互评分	教师评分	综合评分
1	时间	10	（1）每超过标定时间 10 s，扣 1 分；不足 10 s 按 10 s 计算。 （2）压缩时间不加分，成绩相同时按时间排序。				
2	作业过程	50	（1）作业顺序颠倒，每次扣 10 分。 （2）少步骤，每次扣 10 分。 （3）步骤操作错误，每次扣 10 分。				
3	作业质量	30	故障未消除，扣 30 分				
4	安全及其他	10	（1）未按规定穿戴个人防护用品，每件扣 5 分。 （2）作业过程中碰伤出血，扣 5 分。				

2. 教师评价建议

_____

_____

_____

_____

_____

_____

_____

_____

_____

_____

_____

任务 6.6　动车组 PIS 装置检查作业

【任务描述】

当 CR400BF 型动车组运行 6 万 km 或运用 60 d 时，检修人员需依据作业指导书的规范标准进行动车组旅客信息系统（PIS）装置检查作业。通过实训教学，学生需完成以下任务：

① 通电前检查，判断其工作状态是否正常。

② 通电检查，判断其工作状态是否正常。

③ 填写记录单。

在整个作业过程中，应遵循现场工作管理规范。

【学习目标】

知识目标	1. 了解动车组 PIS 各零部件的基础知识； 2. 掌握动车组 PIS 系统的组成及各部分的工作原理
能力目标	1. 能识别 PIS 系统各子模块； 2. 能够进行动车组 PIS 基本操作
素质目标	1. 培养学生的行业认同感； 2. 培养学生的团队协作能力

【导　入】

旅客信息系统（passenger information system，PIS）是分布于动车组上的分布式信息服务系统，旅客信息系统作为与乘客交互的最直接的参与者，在客流组织管理方面发挥着巨大的作用。

1. 功能介绍

旅客信息系统主要有四大功能：

（1）旅行信息显示：分为车内信息显示和车外信息显示，车内主要显示车内外温度、当前速度、当前时间等信息；车外主要显示车次号、车厢号和起点站、终点站。

（2）广播通告：分为自动触发的预录的广播通告、手动触发的预录的广播通告和全列人工广播通告。

（3）内部通信：实现司机室之间、司机室和监控室、列车长和乘务员、乘务员和乘务员之间的通信。

（4）娱乐服务：分为一等车的音视频娱乐、二等车的背景音乐服务和酒吧车的音视频娱乐服务。

2. 系统启动

当受电弓升起、闭合蓄电池后，除了车内外显示器和电视，PIS 其他部件都会得电；当司机插入钥匙升弓后，车内外显示器均得电。

3. 车次选择

进入主界面后，在"请选择即将运行车次"的对话框内，通过鼠标或手指触摸在下拉列表中选择当前车次。由于同一列动车组在折返时和运行在另外的区间时车次可能会不同，所以需要根据车次的变化而选择相应的车次号。

【活　　动】

活动 6.6.1　准备工作

1. 安全准备

作业人员应按规定穿戴个人防护用品。

2. 工具、材料准备

包括通用钥匙、头灯、万用表、毛刷、耳机、干净白布等。

3. 技术准备

（1）CR400BF 型动车组一辆。

（2）标定时间：20 min。

活动 6.6.2　动车组 PIS 装置检查作业程序与要求

表 6–13　动车组 PIS 装置检查作业程序与要求

作业步骤及质量标准	图示
1. 工前准备 （1）人员准备：1 名作业者（1 号）按规定穿戴个人保防护用品（工作服、劳保鞋、安全帽）。 （2）工具、物料状态确认：1 号清点配送的作业工具及物料。 （3）作业手续办理： ① 1 号同工长联系申请有电作业。 ② 工长确认作业车组号及股道正确，停放制动已施加，送电完毕后到现场值班室领取有电作业牌，办理有电作业手续。 ③ 工长通知 1 号可以开始有电作业。	
2. 通电前检查 1）LCD 屏幕及配电柜清洁 ① 用柔软的干净白布清洁 LCD 屏幕。 ② 用毛刷清洁配电柜风扇及机柜内的灰尘。 ③ 机壳表面粘有灰尘时，用干净白布擦拭。 注意：严禁使用酒精或以石油为基料的清洁剂。 2）主机柜检查 ① 系统各设备及主机柜内产品安装紧固。 ② 配电柜内电气元件无烧损、变色。 ③ 各安装螺栓齐全、紧固，无缺失、松动、脱出。 ④ 防松标记清断，无错位。 3）安装状态检查 ① 显示屏与车顶板、端板间安装状态良好，无松动、晃动现象，连接牢固，无裂纹、变形、损坏。 ② 当系统长期不使用时，应定期（如每周/每月）对系统进行点检，在列车运行之前的准备工作中也可以进行点检。	

作业步骤及质量标准	图示
3．系统上电检查	
（1）插入主控钥匙，开通视频系统总电源，检查并确认：全部设备电源指示灯工作正常，自检测指示灯工作正常。 （2）检查视频显示情况、音频输出情况，一切正常后关闭影视系统总电源。 （3）重复以上操作 3 次，确认系统工作状态正常后，开通总电源进行下步作业。	
4．通电前检查	
（1）风扇检查：主机柜风扇运转正常。 （2）电压测量： ① 检查电源输入输出电压，应在允许的波动范围之内。用万用表测量输入电压（189 号）及输出电压（163A、164A、163B、164B、163C、164C、163D、164D、163E、164E、163F、164F、163G、164G）。 **要求**：额定输入电压：DC 100 V，波动范围：70～150 V；额定输出电压：DC 24 V（可调），控制范围：23～25 V。 ② 检查响应时间，要求从打开电源到系统开始播出节目的响应时间不大于 5 s。	
5．视频、音频效果检查	
（1）检查车厢内全部 LCD 播放一体机，应正常播放，画面清晰。 （2）检查并确认：全系统只播放 1 路视频节目时，系统的视频及其伴音能同步播出。	
6．耳机音质检查	
（1）检查一等车座椅耳机各频道音频输出，要求：耳机播出立体声伴音，音质清晰，无杂音，耳机音量可手工调节。 （2）操作影视主机按键，检查主机按键功能，要求：可以进行播放、暂停、快进、快退、节目选择，功放具有音量调节功能。 （3）模拟插播广播，要求：视频伴音、音频自动转为暂停，广播结束后，音视频自动切换为原来的状态。 （4）关闭设备，关闭影视系统电源，拔出主控钥匙。	
7．完工确认	
检查并确认各车柜门锁闭良好，用手按压确认柜门无松动。	
8．整理工具物料	
1 号将工具和物料整理齐全，确认作业区周边卫生、干净、无杂物。	
9．办理销号手续	
1 号通知工长作业结束，由工长办理销号手续。	

活动 6.6.3　思考练习

1. 简述 CR400BF 型动车组旅客信息系统（PIS）的功能。

2. 简述 CR400BF 型动车组旅客信息系统（PIS）的硬件配置及功能。

【考核评价】

1. 综合评价表（见表 6-14）

表 6-14　综合评价表

序号	考核项目	总分	评分标准	自评分	互评分	教师评分	综合评分
1	时间	20	（1）每超出标定时间 30 s，扣 1 分；超过标定时间 1 min，停止作业，时间项不得分。 （2）压缩时间不加分，成绩相同时按时间排序。				
2	作业过程	20	（1）不按顺序作业，扣 5 分。 （2）未进行通电前检查，扣 5 分。 （3）疑似缺陷处置不当，扣 5 分。 （4）摔掷工具和配件，每次扣 5 分。				
3	作业质量	50	（1）PIS 基本操作错误，扣 10 分。 （2）设备参数设置不当，扣 10 分。 （3）当有内部缺陷时，判断错误扣 20 分。 （4）当零部件有松动、裂纹时，判断错误扣 20 分。				
4	安全及其他	10	（1）未插设或撤除安全号志，扣 10 分；错设扣 5 分。 （2）作业中违章使用工具，每次扣 1 分；作业完毕后遗漏工具，每件扣 2 分。 （3）作业中碰破出血，扣 5 分；作业过程中受伤不能工作者，全项失格。 （4）未按规定穿戴个人防护用品，扣 2 分。				

2. 教师评价建议

任务 6.7 动车组乘务室监控屏操作

【任务描述】

当动车组发生一、二级故障时，动车组随车机械师可到 HMI 上查看故障记录，并采取相应解决办法消除故障。通过实训教学，学生需完成以下任务：

① 对乘务室监控屏进行操作，判断故障位置并进行相应操作。

② 填写记录单。

在整个作业过程中，应遵循现场工作管理规范。

【学习目标】

知识目标	掌握动车组乘务室监控屏的显示内容
能力目标	能够利用动车组乘务室监控屏进行故障信息查询和故障处理
素质目标	培养学生用理论知识分析实际问题的能力

【导 入】

1. HMI 显示屏的结构

HMI 显示屏如图 6-7 所示，整体布局图如图 6-8 所示。人机接口包括：一个屏幕、9 个操作硬按键、6 个光标和输入硬按键，以及 10 个数字键盘软按键。

图 6-7 HMI 显示屏

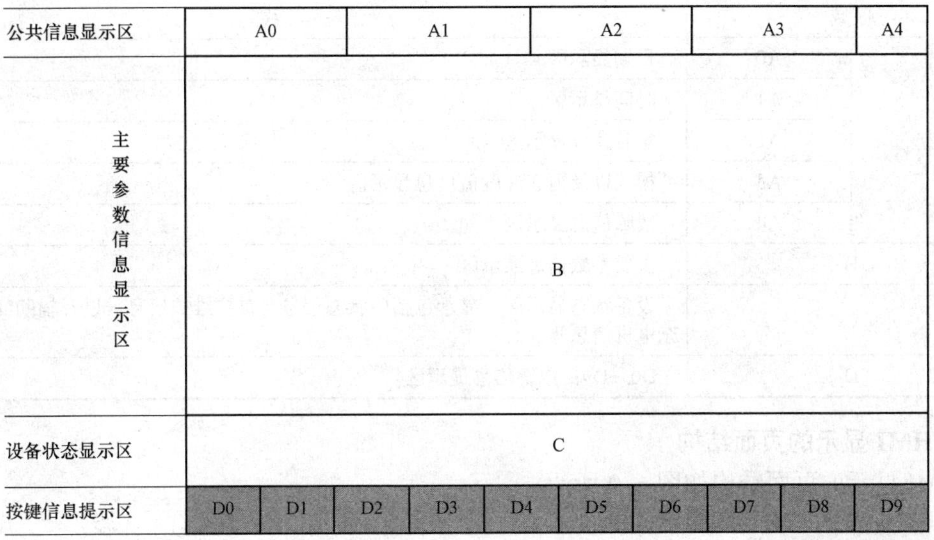

公共信息显示区	A0	A1	A2	A3	A4
主要参数信息显示区			B		
设备状态显示区			C		
按键信息提示区	D0 D1 D2 D3 D4 D5 D6 D7 D8 D9				

图 6-8　HMI 显示屏页面整体布局

一个 HMI 显示屏页面可以划分为四个区域，各部分的功能如表 6-15 所示。

为了便于阐述 HMI 显示屏界面功能，将界面划分为 A、B、C、D 四个大区，每个大区包含若干个小区。A 区在界面的最上端，属于公共信息显示区；B 区为主要参数信息显示区；C 区为设备状态显示区；D 区为按键信息提示区。

1）公共信息显示区（A）

公共信息区 A 显示的项目有：时间、实时速度值、列车模式（恒速时显示"恒速模式"，速度控制时显示"速度控制"，级位控制时显示"级位控制"）、速度显示（恒速时显示恒速设定值，速度控制时显示速度值，级位控制时显示级位）、故障提示和切换到故障的按钮（当一级故障发生时，显示红色；当二级和三级故障发生时，显示黄色；当没有故障发生时，显示灰色）。

2）主要参数信息显示区

主要参数信息显示区显示的项目有：列车部件的状况（比如外部乘客门关闭/打开）、列车的有关参数，其所提供的信息为含义自明的符号或文字。

3）设备状态显示区（C）

设备状态显示区显示的项目有：门全部锁闭（状态栏）、至少有一个门打开（状态栏）、至少有一个 VCB 可以闭合（状态栏）、至少有一个应正常闭合的 VCB 断开（状态栏）、有换端发生、车间电源连接、有乘客报警发生、司机警惕、有火灾报警发生和发生空转滑行。

4）按键信息提示区（D）

这个区域显示的组件为操作组件。选定组件后，可以更改操作组件，比如空调控制的操作组件（开/关）。这些组件可以通过硬按键来选择。被选定的组件/区域被标出/或闪烁，可以通过软按键来更改/操作被选组件。

表 6-15　HMI 显示屏页面各部分的功能

区 域		名　称
A 公共信息区域	A0	日期显示区
	A1	时间显示区
	A2	实时速度显示区
	A3	模式以及恒速速度值信息显示区
	A4	故障信息显示区
B		主要参数信息显示区
C		设备状态显示区，显示包括门状态信息等重要维护信息，以及辅助变流器、充电机信息等
D		D0～D9：按键信息提示区

2. HMI 显示的页面结构

HMI 显示的页面结构如图 6-9 所示。

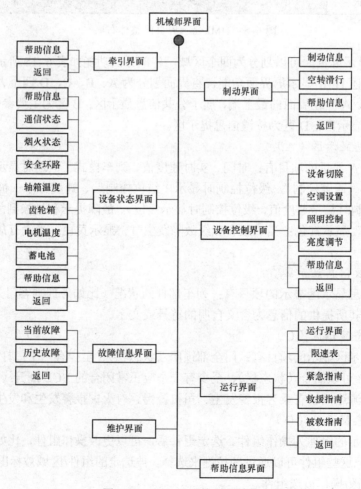

图 6-9　HMI 显示的页面结构

【活 动】

活动 6.7.1　准备工作

1. 安全准备

作业人员应按规定穿戴个人防护用品。

2. 工具、材料准备

包括手套、工作帽、手电筒、对讲机、防护标志等。

3. 技术准备

（1）CR400BF 型动车组一辆。

（2）标定时间：5 min。

活动 6.7.2　诊断代码显示作业程序与要求

诊断代码显示作业程序与要求如表 6–16 所示。

表 6–16　诊断代码显示作业程序与要求

作业步骤及质量标准	图示
1. 弹屏故障查询 发生弹屏故障时，HMI 屏在当前页面下方会弹出"故障发生信息"页面，并伴有声光报警，单击"确定"按钮后，弹出界面被隐藏。	
2. 当前故障查询 可手动单击界面右上方的 ⚠ 按钮查看当前故障。	
3. 历史故障查询 在当前故障信息界面手动单击 历史故障 按钮，显示屏将会显示历史故障信息界面。	

活动 6.7.3　思考练习

1. 简述 HMI 显示屏布局。
2. 简述诊断代码显示作业程序与要求。

【考核评价】

1. 综合评价表（见表 6–17）

表 6–17　综合评价表

序号	考核项目	总分	评分标准	自评分	互评分	教师评分	综合评分
1	时间	20	（1）每超过标定时间 30 s，扣 5 分；超过标定时间 2 min，停止作业，时间项不得分。 （2）压缩时间不加分，成绩相同时按时间排序。				
2	作业过程	30	（1）不按顺序作业，扣 5 分。 （2）简单粗暴操作、使用其他工具点按、划伤屏幕，扣 10 分。				
3	作业质量	40	（1）查找操作不正确，扣 10 分。 （2）结果显示不正确，扣 20 分。				
4	安全及其他	10	（1）未插设或撤除安全号志，扣 10 分；错设扣 5 分；中间脱落或未展开，各扣 5 分。 （2）作业中违章使用工具，每次扣 10 分，作业完毕后遗漏工具，每件扣 5 分。 （3）作业过程中受伤不能工作者，全项失格。 （4）未按规定穿戴个人防护用品，扣 2 分。				

2. 教师评价建议

_____

_____

_____

_____

_____

_____

_____

_____

_____

任务 6.8　动车组司机室操作

【任务描述】

　　动车组的驾驶设施主要位于司机操纵台上,司机操纵台上布置了司机驾驶列车过程中常用的控制和信息显示零部件。通过实训教学,学生需完成以下任务:

① 司机操纵台操作。

② 采取相应方法解决操纵问题。

③ 填写记录单。

　　在整个作业过程中,应遵循现场工作管理规范。

【学习目标】

知识目标	掌握动车组司机室操纵台的布置
能力目标	掌握动车组大复位、小复位的操作方法
素质目标	培养学生用理论知识分析实际问题的能力

【导　　入】

司机室操纵台

　　CR400BF 型动车组司机操纵台位于司机正前方,司机操纵台上布置的是司机驾驶列车过程中常用的控制和信息显示零部件。司机室操纵台布置如图 6-10 所示。

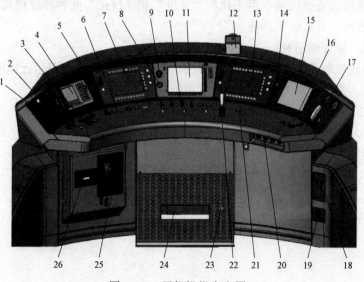

图 6-10　司机操纵台布置

司机操纵台上各部件的作用如下：

1——预留横向 7 英寸显示屏安装接口。

2——EOAS 前置摄像头，这是广角摄像头，用于记录司机操作动作。

3——左操作区，用于布置操纵台左侧按钮开关。

4——CIR 显示器及 CIR 电话，用于行车过程中与车站调度室联络。

5——紧急断电红色蘑菇状执行按钮，用于紧急断开主断路器，并降弓。

6——左侧制动按钮区，用于布置与制动相关的按钮开关。

7——TCMS 备用显示器（左侧），用于控制和监测车辆，与右侧 TCMS 主显示器互为冗余。

8——拾音器，司机室音频监控设备。

9——紧急制动红色蘑菇头按钮，用于快速断开紧急制动 UB 回路中的继电器触点，触发 UB 紧急制动。

10——中央操作区，用于布置操纵台中部的按钮开关。

11——ATP 主显示器，是列车安全系统显示器，与 ATP 备用显示器互为冗余。

12——线路摄像机，用于记录线路状态。

13——TCMS 主显示器（右侧），用于控制和监测车辆，与左侧 TCMS 备用显示器互为冗余。

14——门关闭指示灯（橙色），所有门关闭后点亮。

15——ATP 备用显示器，是列车安全系统显示器，与 ATP 主显示器互为冗余。

16——右操作区，用于布置操纵台右侧的按钮开关。

17——仪表区，布置有司机室仪表及部分指示灯、主控钥匙、方向开关。

18——转储装置，用于记录司机的信息，并存储 EOAS 系统记录的音频、视频数据。

19——220 V 电源插座，提供 AC 220 V 电源。

20——气候区，用于布置司机室空调系统控制开关。

21——操纵模式选择按钮，用于切换"速度"和"级位"两种操纵模式。

22——司控器，具有以下功能

① 单手柄：施加牵引和制动。

② 实现恒速控制牵引区：可通过速度模式和级位模式设定列车运行速度；

③ 制动区：施加制动力，分为 7 级常用制动和 EB 制动。

23——风笛脚踏开关，用于启动风笛。

24——DSD 脚踏开关，用于启动司机警惕装置。

25——PIS 电话，用于人工广播以及通信。

26——CIR 打印机，用于打印调度指令信息。

【活　　动】

活动 6.8.1　准备工作

1. 安全准备

大复位前，司机通知列车长做好边门防护。

2. 工具、材料准备

包括手套、工作帽、手电筒、对讲机、防护标志等。

3. 技术准备

（1）大复位条件：同时满足停车状态、主断路器断开、无火警报警。

（2）标定时间：5 min。

活动 6.8.2　大复位、小复位作业程序与要求

大复位作业程序与要求如表 6–18 所示。小复位作业程序与要求如表 6–19 所示。

表 6–18　大复位作业程序与要求

作业步骤及质量标准	图示
1. 通知列车长并执行关门	
司机通知列车长，列车长通知乘客远离车门，然后进行以下操作： ① 司机断开主断路器并降弓。 ② 将司控器置"B7"位。 ③ 方向开关置"0"位。 ④ 操作"关门"按钮，确认全列塞拉门关闭。	
2. 蓄电池重新投入	
将蓄电池开关打到"关"位，待 HMI 屏断电后，重新开启蓄电池。	

表 6–19　小复位作业程序与要求

作业步骤及质量标准	图示
1. 操作小复位	
（1）断主断路器，降弓。 （2）操作主断路器保持断开至少 10 s。	
2. 确认复位操作完成	
复位完成后，观察 HMI 主界面，出现"小复位"图标，表明小复位操作已完成。	

活动 6.8.3　思考练习

1. 简述司机室操纵台的布置。
2. 简述大复位的作业步骤。

【考核评价】

1. 综合评价表（见表 6–20）

表 6–20　综合评价表

序号	考核项目	总分	评分标准	自评分	互评分	教师评分	综合评分
1	时间	20	（1）每超过标定时间 30 s，扣 5 分；超过标定时间 2 min，停止作业，时间项不得分。 （2）压缩时间不加分，成绩相同时按时间排序。				
2	作业过程	30	（1）不按顺序作业，扣 5 分。 （2）不正确扳动开关、粗暴操作、不用手操作，扣 10 分。				
3	作业质量	40	（1）找不对主断路器、司控器、蓄电池开关等位置每项扣 10 分。 （2）HMI 结果显示不正确，扣 20 分。				
4	安全及其他	10	（1）未插设或撤除安全号志，扣 10 分；错设扣 5 分；中间脱落或未展开，各扣 5 分。 （2）作业中违章使用工具，每次扣 10 分；作业完毕后遗漏工具，每件扣 5 分。 （3）作业过程中受伤不能工作者，全项失格。 （4）未按规定穿戴个人防护用品，扣 2 分。				

2. 教师评价建议

任务 6.9　动车组机车救援（回送）

【任务描述】

动车组自身不能运行，出问题时需要救援回送。救援回送可由另一列动车组或机车来实施，具体实施时要求检修人员按照作业指导书的规范要求操作。通过实训教学，学生需完成以下任务：

① 对动车组进行机车援救和回送。

② 填写记录表。

在整个作业过程中，应遵循现场工作管理规范。

【学习目标】

知识目标	1. 了解动车组机车救援的意义； 2. 掌握动车组机车救援的步骤； 3. 掌握过渡车钩连接方法
能力目标	能独立完成动车组机车救援
素质目标	1. 规范作业标准，强化安全意识； 2. 养成诚实、守信、吃苦耐劳的品德，具有强烈的责任意识； 3. 培养严谨认真的工匠精神

【导　入】

1. 救援

1）动车组被救援时

救援列车可能为同型号动车组，也可能为其他型号动车组及机车，优先采用不需要使用过渡车钩模块的同型动车组救援。同型救援时，优先选择电钩连挂的重联模式。用其他型号动车组及机车救援时，一般需要在被救援动车组上安装适配的统型过渡车钩模块及救援列车提供的适配过渡车钩模块。完成救援车组及被救援动车组的相关设置及状态确认后，进行机械连挂作业。被救援过程中，司机需要在连挂端司机室密切监视总风风压和蓄电池电压。

2）救援其他动车组时

救援其他型号动车组时，一般需要提供本车适配的统型过渡车钩模块给故障车，故障车处置人员将该模块与已安装在故障车上的过渡车钩模块进行连接，完成后与本车进行机械连挂作业。

2. 调整过渡车钩

确认过渡车钩（如图 6-11 所示）中心线与机车车钩中心线高度差不超过 50 mm。超差时，允许上下调一格，机车侧较高时可调 2 格，880 模块（模块 1）仅允许调 1 格，极端情况下可人工干预。

(a) 正常状态　　　　　　　　　　　　　　(b) 向上提高60 mm

图 6-11　过渡车钩

3. 熟练掌握复位、切除等方法

CR400BF 型动车组采用的是列车网络通信控制技术，大量的复杂功能是依靠软件来实现的，很多故障也是通过对软件的复位及冗余功能切换的方式消除或隔离的，因此应熟练掌握 CR400BF 型动车组的相关复位、切换及切除方法。CR400BF 型动车组在进行空开复位时，必须在断开空开 10 s 后，再闭合空开。操作"复位""紧急复位""蓄电池开关"等操作台自复位开关时，必须保持 3 s。

【活　动】

活动 6.9.1　准备工作

1. 安全准备
① 按规定申请下车。
② 按规定设、撤防护措施。
③ 按规定佩戴个人防护用品（安全帽、绝缘靴、工作服、反光背心）。

2. 工具准备
工具清单如表 6-21 所示。

表 6-21　工具材料清单

名称	规格
响墩	1 套
火炬	1 支
对讲机	1 部
信号灯	1 盏
红旗、绿旗	各 1 面

3. 技术准备
① 拉出过渡车钩箱：01/00 车过渡车钩存放在柜内，扭开过渡车钩箱上的锁定螺栓，手动使过渡车钩箱从下托架上滑出。注：01 车为头车，00 车为尾车。
② 松开过渡车钩：分别松开过渡车钩上的捆扎带，拔出 R 型销，抽出连接销组成。
③ 取出模块：取出本车适配模块。

④ 检查车钩：打开头罩，检查前端车钩及过渡车钩，以保证连挂机构运动自如。

⑤ 清洁车钩：清洁过渡车钩和前端车钩的接触面，清除两车钩头凸凹锥上所有外部物质。

⑥ 标定时间：20 min。

活动 6.9.2　机车救援作业

机车救援作业程序与要求如表 6-22 所示。

表 6-22　机车救援作业程序与要求

作业步骤及质量标准	图示
1. 申请救援 （1）时间：动车组发生故障后，区间停车超过 20 min，站内停车超过 30 min，仍无法判明故障原因或已判明故障原因但短时间内无法修复。 （2）动车组随车机械师用手式通知司机申请救援。	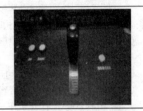
2. 确认命令 （1）抄记命令号及内容，确认救援来车方向、救援方式，同司机来到救援连挂端。 （2）确认下车命令，确认临线限速或者封锁的命令。	
3. 防止亏电 当受电弓无法升起，主断路器不闭合或接触网无电时，断电，降弓，拔主控。	
4. 设置防溜 （1）在平直道，通知司机施加停放制动。 （2）在 20‰以上坡道，自坡底向上设置两个铁鞋，左右交叉设置。	
5. 设置防护 （1）仅在运行动车组的线路上：与司机联系，要求收到救援机车接近时告知，救援机车到来前进行救援准备，接到司机通知后立即停止救援准备，按照规定防护。 （2）白天使用信号旗，夜晚使用信号灯，到救援机车开来方向距离列车不小于 300 m 处，手信号拦停，非会车侧站立，防止侵限，注意人身安全，停车后引导机车再次起动，到达距动车组 10 m 处停妥。	

续表

作业步骤及质量标准	图示

6. 连挂作业

1）准备工作

① 通知司机电动开头罩。在电动无法打开头罩时，由动车组随车机械师手动打开头罩。

② 关闭机构电源：断开客室电气柜车钩开闭机构电源"=74-F08"及"=74-F09"。

③ 截断风源：关闭头车一位端一位侧开闭机构供风截断塞门"Z38"。

④ 解锁开闭机构：由动车组随车机械师将六角棘轮扳手（SW18）套在固定罩下方手动解锁六角螺柱上，按照前端模块下方旋转箭头开方向，旋转棘轮扳手解锁开闭机构（解锁状态）。操作双孔开闭门双侧解锁结构的机构时，可先对其中一侧完成解锁操作后，再对另一侧进行解锁操作。操作单孔开闭门同步解锁结构的机构时，只需按照前端模块下方旋转箭头方向操作即可。

⑤ 手动打开舱门：在头罩解锁状态下，由动车组随车机械师手动推开开闭机构舱门。

⑥ 确认锁闭：开闭机构手动开启完毕后，手动拉动开闭机构舱门，确保锁闭到位。

⑦ 恢复电源及塞门：闭合客室电气柜车钩开闭机构电源"=74-F08"以及"=74-F09"；打开头车一位端一位侧开闭机构供风截断塞门（Z38）。

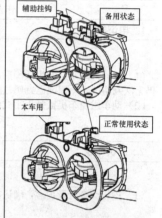

2）挂过渡钩

① 辅助挂钩：使用辅助挂钩较低一侧。

② 关闭截断塞门：打开车头二位侧总风管截断阀盖板，关闭总风管截断塞门（B33）、电钩风管截断塞门（Z35）。

③ 关闭截断阀：打开车头一位侧列车管截断阀盖板，关闭列车管截断阀（B52）。

④ 安装10型车钩：使用辅助挂钩将过渡车钩挂在前端车钩上沿，用力下压，完成连挂。

⑤ 确认连挂到位：确认车钩指针处于"红点"位置，同时确认车钩钩舌处红线重合。

⑥ 取出机车适配模块，确认取下防跳架：在与救援车车钩连挂前，动车组随车机械师应取下上下防跳架。

⑦ 安装模块：把机车适配模块安装至本车适配模块上，依次穿入连接销，并插入R型销。

⑧ 调整过渡车钩：确认过渡车钩中心线与机车车钩中心线高度差不超过50 mm。如超差，允许上下调一格，机车侧较高时可调2格，880模块（模块1）仅允许调1格；极端情况下允许人工干预。

3）机车连挂

① 动车组随车机械师将机车车钩准备完毕，引导机车以不大于5 km/h的速度进行连挂。确认机车车钩和过渡车钩接触完成连挂，通知司机进行试拉。

② 安装防跳架：当机车车钩与过渡车钩中心线相距50 mm以内时，上下防跳架反转，使挡板朝向车钩内侧，定位销插入第2个眼孔；如遇到无法正常安装防跳架，允许使用其他眼孔调节上下防跳架工作位置，并穿入自锁销锁定位置。

③ 确认防跳架安装正确：上下防跳架不可反装。防跳架止挡应朝向机车方向。

④ 连接过渡车钩的制动风管，然后先打开机车列车管截断塞门，确认连接管是否漏风，再打开动车组列车管截断塞门，锁上总风管截断阀和列车管截断阀的盖板。

续表

作业步骤及质量标准	图示
7. 车上作业 （1）确认 BP 救援转换装置供电空开"28–F31"闭合，将救援开关置于被救援位。 （2）将司机警惕 ASD，ATP，GFX 过分相，乘客紧急制动环路保持制动隔离开关置于关位。 （3）将非连挂端信号灯开关置于红灯开位。 （4）将连挂端方向开关置于前向位。 （5）将司控器手柄置于 0 位。	
8. 开车准备 （1）动车组司机将制动手柄置于缓解位，机车司机进行制动试验，向动车组充风，确认动车组 BP 压力表风压达到 600 kPa，确认动车组全列制动缓解。 （2）全列制动缓解后，通知机车司机施加制动，动车组司机缓解停放制动，如设置铁鞋需将铁鞋撤除，全部撤除后通知动车组司机连挂作业完毕。	
9. 开车后 运行中，动车组随车机械师监控蓄电池电压和总风压力，要求：蓄电池电压不低于 100 V，总风压力不低于 530 kPa。	

活动 6.9.3　思考练习

1. 简述机车救援动车组中挂过渡钩的具体操作步骤。
2. 简述动车组发生故障后申请救援的条件。

【考核评价】

1. 综合评价表（见表 6–23）

表 6–23　综合评价表

序号	考核项目	总分	评分标准	自评分	互评分	教师评分	综合评分
1	时间	20	（1）每超过标定时间 20 s，扣 1 分；不足 20 s 按 20 s 计。 （2）压缩时间不加分，成绩相同时按时间排序。				
2	作业过程	30	（1）不会设置安全号志，扣 5 分。 （2）防跳架装反，扣 5 分。 （3）未撤铁鞋，扣 10 分。 （4）不会手动开头罩，扣 20 分。				
3	作业质量	50	（1）风管连接不上，扣 20 分。 （2）电力连接器指针未对齐，扣 10 分。 （3）列车管截断塞门打开顺序错误，扣 10 分。				
4	安全及其他	10	（1）未按规定穿戴个人防护用品，扣 5 分；发生破皮出血，扣 5 分。 （2）安全号志未展开，扣 3 分。 （3）工具使用不当，一处扣 5 分；工具材料遗留在作业现场，每件扣 1 分。				
5	合计	100					

2. 教师评价建议

参 考 文 献

[1] 北京动车段. CR400BF 型动车组随车机械师一次出乘作业指导书[Z]. 2018.

[2] 宋雷鸣. 动车组供电牵引系统与设备[M]. 修订版. 北京：北京交通大学出版社，2019.

[3] 乔宝莲. 电力机车电器[M]. 北京：中国铁道出版社，2008.

[4] 王月明. 动车组制动技术[M]. 北京：中国铁道出版社，2010.

[5] 中国铁路总公司. 铁路动车组运用维修规程[S]. 北京：中国铁道出版社，2013.

[6] 中国铁路北京局集团有限公司. 高速铁路行车组织细则[S]. 北京：中国铁道出版社，2018.

[7] 中国铁路总公司. 铁路技术管理规程：高速铁路部分[S]. 北京：中国铁道出版社，2014.

[8] 中国铁路总公司. 中国铁路总公司铁路车辆安全管理规则[S]. 北京：中国铁道出版社，2015.

[9] 中国中车长春轨道客车股份有限公司. 时速 350 公里中国标准动车组用户文件[Z]，2015.

[10] 中车长春轨道客车股份有限公司. CR400BF 型动车组车辆概述[Z]，2017.

[11] 中车青岛四方机车车辆股份有限公司. CR400AF 型动车组批量车车辆概述[Z]，2017.